国際結婚の諸相

竹下修子

学文社

はしがき

　著者にとってはじめての単著『国際結婚の社会学』を出版してから3年が過ぎた．『国際結婚の社会学』では，鎖国時代の日本人女性と外国人男性の関係，および国際結婚が法的に認められるようになった明治6年から現代に至るまでの日本人女性の国際結婚を通時的に考察し，その内容や実態，社会的位置づけが日本の経済力や政治力，日本人の結婚観の変遷とのかかわりのなかでどのように変化してきたのかを探った．現代の国際結婚についての理解を深めるためには，その歴史をさかのぼる必要があるとの判断からである．

　近年は，国際結婚の増加にともない相手国も多岐にわたるようになり，「国際結婚」という1つの言葉で表すことが難しいほど組み合わせが多様になってきている．そこで，台湾に居住する夫台湾人・妻日本人のカップル，日本に居住する夫外国人ムスリム・妻日本人のカップル，およびエスニックレストランを経営する夫ニューカマー外国人・妻日本人のカップルを対象に1999年から2003年にかけて調査研究を行い，本書において組み合わせ別の考察を行った．夫の宗教や出身国，カップルの居住地によって，夫と妻の異文化への適応がどのように異なるのか，彼らの生活の実態や抱える問題などを検討するとともに，台湾社会とイスラーム社会における家族規範，およびその社会的背景について考察する．

　言うまでもなく調査研究は，協力してくださる方々があってこそ実施できるものであり，本調査研究に際しても多くの方々からお力添えを賜った．

　台湾「居留問題を考える会」会長，大成権真弓様とご主人の游大緯様には，台湾訪問の際に常に助けていただいた．大成権様には台湾でのアンケート用紙の発送から回収までボランティアでお引き受けいただいたほか，台北でのインタビュー調査のアレンジもしていただいた．台湾の日本人妻の方々からの人望が厚い大成権様のご尽力がなければ台湾での調査は不可能であった．

「居留問題を考える会」役員で，台湾居住の日本人向けミニコミ誌『日文生活雑誌 Sumika』の元編集担当の菅井桂子様には台湾社会に関する様々な情報をご提供いただき，原稿にまとめる際にもアドバイスを賜った．さらに，原稿に目を通していただき，細部にわたってご助言を賜った．I「台湾における国際結婚」を書くことができたのは，菅井様のご協力に負うところが大きい．

また，鐘春恵様，葛西恵津子様，荒巻珠代様には高雄での調査に際し，お知り合いの方々をご紹介いただいた．82歳になられる鐘春恵様を高雄にお訪ねしたときには，ご家族とともに深夜の空港に出迎えてくださり，日本から親戚が来たようだと大歓迎していただいた．こちらからの一方的なインタビューのお願いであったにもかかわらず，ご家族全員にとてもよくしていただき，恐縮することしきりであった．

台北「なでしこ会」元会長の杉本好美様には，台湾のテレビドラマ「家有日本妻」を2か月あまりにわたって毎日録画し，日本に送っていただいた．第5章「台湾のテレビドラマ『家有日本妻』にみる日台結婚」を書くことができたのは，杉本様のご協力のお陰である．

国内における調査でも多くの方々にお世話になった．名古屋モスクをはじめ各地のモスクでは著者を信者の方と同じように受け入れてくださり，イスラームについてのご指導も賜った．エスニックレストランの調査でも，皆さんが快くインタビューに応じてくださり，励ましのお言葉まで頂戴した．ここに付して感謝の意を表する次第である．

加えて，アンケート調査およびインタビュー調査にご協力いただいた皆様に心よりお礼申し上げる．台湾でも日本でも著者を研究者としてだけでなく，一個人として温かく受け入れてくださった．そのひとりひとりのお顔が原稿を書きながらよみがえってきた．本書を出版することができたのは，以上の方々のご支援とご助力によるものである．

あわせて，金城学院大学の山口透名誉教授，西下彰俊教授には，金城学院大学大学院在学中からご指導を賜り，お忙しいなか原稿にも目を通していただき

ご助言を賜った．名古屋外国語大学の伊藤弘子助教授には，国際私法に関するご指導を賜った．もちろん内容に関してはすべて著者の責任である．

　最後になったが，学文社の田中千津子社長には本書出版に際し，終始きめ細かいご配慮を賜った．厚くお礼申し上げる．

2004年1月

竹下　修子

目次 CONTENTS

序　論　　1

I　台湾における国際結婚

第1章　日台関係の変遷と日台結婚の変容　　11

1　調査の概要　　12
2　日台結婚からみる台湾社会の変遷　　12
3　省籍と族群　　26
4　日台関係の変遷と妻の国籍　　28
5　考　察　　32

第2章　世代別にみる日台結婚の実態　　41

1　調査の概要　　42
2　分析の枠組み　　42
3　調査結果　　43
4　考　察　　78

第3章　異文化適応と結婚満足度　　83

- 1　データの特性　　84
- 2　分析方法　　85
- 3　仮　　説　　86
- 4　分析結果　　88
- 5　考　　察　　90

第4章　日本人妻の社会的ネットワークと結婚満足度　　93

- 1　データの特性　　94
- 2　妻の社会的ネットワークの規模と結婚満足度との関連　　94
- 3　妻の社会的ネットワークの規模と結婚満足度との関連に
      およぼす基本属性の効果　　98
- 4　妻の社会的ネットワークの内容と結婚満足度との関連　　103
- 5　考　　察　　107

第5章　台湾のテレビドラマ「家有日本妻」にみる日台結婚　　111

- 1　主な登場人物　　112
- 2　ドラマの分析　　113
- 3　考　　察　　119

Ⅱ 日本における国際結婚

第6章 外国人ムスリムと日本人女性の結婚
　　　　―結婚満足度の規定要因―　　　123

　　1　調査の概要　　124
　　2　データの特性　　125
　　3　分析方法　　126
　　4　仮　　説　　126
　　5　分析結果　　131
　　6　考　　察　　135

第7章　日本人妻のイスラームへの適応　　143

　　1　分析の枠組み　　144
　　2　第一次インタビュー調査　　146
　　3　第二次インタビュー調査　　157

第8章　国際結婚とエスニックレストランの展開　　165

　　1　調査の概要　　166
　　2　データの特性　　167
　　3　夫の来日動機　　167
　　4　ふたりの出会い　　168
　　5　レストラン開店の動機　　170
　　6　レストラン開店の経緯　　174
　　7　妻の果たす役割　　176

8　信　　仰　　177
　　9　国際交流の担い手　　179
　　10　エスニックレストラン展開の要素　　180
　　11　考　　察　　182

結　論　187
初出一覧　195
索　引　196

序　論

今や，国内外で年間5万人近くの日本人が外国人と結婚する時代となった．厚生労働省が発表している国際結婚（日本国籍を有する者と外国籍を有する者との結婚）に関する統計には，日本で届出されたものと，外国で届出されたものがあるが，前者においては統計が出されるようになった1965年以降，後者においても統計が出されるようになった1986年以降増加しており，その総数は1986年の14,710件（国内12,529件，外国2,181件）から2001年の47,749件（国内39,727件，外国8,022件）と15年間で3.2倍になっている．国際結婚総数からみれば日本人男性の国際結婚の方が多く，配偶者の国籍別では日本人女性の国際結婚の方が相手国が多岐にわたっており，配偶者の国籍別の考察が不可欠になってきている．

本書では，まず外国に居住する国際結婚カップルのうち，戦前から存在し，歴史のある組み合わせとして台湾人男性と日本人女性のカップル，および日本に居住する国際結婚カップルのうち，歴史的にみて極めて少数であったが，1980年代半ば以降増加した外国人ムスリムと日本人女性のカップル，エスニックレストランを経営する夫ニューカマー外国人・妻日本人のカップルに焦点をあてた．

Ⅰ「台湾における国際結婚」で台湾に居住する夫台湾人・妻日本人のカップルを取り上げた理由は，第1に，社会変容にともない伝統的大家族が減少し，核家族化が進行している台湾は家族変動の時期にあり，家族社会学の研究対象として興味深いこと．第2に，台湾に居住する日本人妻が，日本の統治時代から半世紀以上を経て，近年再び増加傾向を示していることである．台湾の内政部警政署によれば，2001年1月末現在，台湾に1年以上居住している日本人妻の数は893人である．しかしこの統計には結婚1年未満の者や，既に台湾（中華民国）に帰化している者が含まれていないため，実際にはこの数をはるかに上回る日本人妻が台湾に居住していると考えられる．また，1975年に日本人妻の親睦会「なでしこ会」が台北で発足したのを皮切りに，台湾各地に次々と日本人妻の親睦会が発足していることや，各会ともその会員数が増加し

ていることからも，夫台湾人・妻日本人のカップルが台湾において増加していることが確認できる[6]．第3に，現在，台湾には幅広い年齢層の日本人妻が居住しており，日本の統治時代に台湾に嫁いだ世代から，戦後生まれの両親に育てられ，台湾の民主体制が確立してから台湾に嫁いだ世代まで，世代別の考察が可能であること．第4に，台湾の民主化，経済成長ならびに国際化に伴い，台湾と日本の交流が盛んに行われるようになったことである．台湾では1993年にケーブルテレビが合法化され，地上波テレビでも日本のテレビ番組の放送禁止令が廃止された．それ以降，各テレビ局で相次いで日本のテレビ番組を放送するようになり，ケーブルテレビでは日本の番組専用チャンネルが多数あるほか，日本の書物や雑誌，キャラクターグッズなども大量に輸入されている．また，台北の旅行雑誌が行った調査によれば，もっとも出かけたい国は日本，もっとも印象のいい街は東京であるという結果が出ており，若者を中心とした日本ブームに支えられた日本旅行ブームも起こっている[7]．

Ⅰ「台湾における国際結婚」の章構成は下記の通りである．第1章「日台関係の変遷と日台結婚の変容」では，日台関係の変遷や台湾社会の変容にともなって日台結婚がいかに変化してきたのかを考察する．日台結婚が日台関係の変化，および台湾や日本の先進性・経済力にどのように影響されているかを明らかにしたい．

第2章「世代別にみる日台結婚の実態」では，日台結婚カップルが結婚に至った経緯，生活の実態，夫婦を取り巻く社会環境を，アンケート調査とインタビュー調査から世代別に分析する．それにより，日台結婚の実態が世代によっていかに異なり，そこにはどのような社会的要因が存在しているのかを探ることが目的である．

第3章「異文化適応と結婚満足度」では，移住者である日本人妻が台湾での生活に適応することが夫婦にとってどの程度重要なのか，また，妻の一方的適応ではなく，夫の側も日本文化を受容しているかどうかや，夫婦を取り巻く社会環境も夫婦の生活に影響するのではないかという問題意識のもと，夫と妻の[8]

結婚満足度を，台湾への妻の適応・夫の日本文化受容・社会環境の3つの側面から分析する．

第4章「日本人妻の社会的ネットワークと結婚満足度」では，日本人妻たちの社会的ネットワークの規模と内容が夫と妻の結婚満足度に与える影響について考察する．社会的ネットワークという概念は個人がおかれている社会環境を直接捉えるもっとも有効な分析方法のひとつであるため[9]，ネットワーク分析を通して，留学や仕事での一時的滞在者と異なる移住者としての日本人妻の生活の実態への理解を深めたい．

第5章「台湾のテレビドラマ『家有日本妻』にみる日台結婚」では，台湾のテレビ局，民視電視公司で2003年4月21日から放送されている「家有日本妻」を分析する．このドラマでは，主人公である日本人妻が台湾に嫁いでから直面する諸問題を明るく克服していく姿が描かれている．日本人妻の言動はデフォルメされたところがあるが，姑の考え方，息子の孝行，台湾社会における面子，日本人のステレオタイプなどは，リアルにかつわかりやすく描かれているため分析の対象とした．

なお，「台湾」は中華民国の実効支配地域を指し，国名として認知されていないが，日本で一般的に使用されている呼称であるため，本書では法律関係以外は「台湾」という名称を使用した．

Ⅱ「日本における国際結婚」では，夫外国人ムスリム・妻日本人のカップルと，エスニックレストランを経営する夫ニューカマー外国人・妻日本人のカップルに焦点をあてた．第6章「外国人ムスリムと日本人女性の結婚─結婚満足度の規定要因─」と第7章「日本人妻のイスラームへの適応」で，外国人ムスリムと日本人女性のカップルを取り上げた理由は，第1に，1980年代半ば以降，イスラーム諸国から多くの男性が日本に流入したことにともない，日本人女性との結婚が増加していること[10]．第2に，宗教が異なる者と結婚する場合，特に，一方が戒律の厳しい宗教である場合や，信心深い者と結婚する場合，結婚生活を送るうえで宗教の違いは無視できない問題であるが，日本における国

際結婚の先行研究では，宗教の違いに焦点をあてたものが少ないこと(11)．第3に，日本人女性がムスリムと結婚する場合，イスラーム（イスラーム教）に改宗することが前提となるが(12)，イスラームは他の宗教に比べて日常生活の細部にわたって規制する傾向が強いため，妻のイスラームへの適応が問題となること(13)．第4に，イスラームでは信仰こそ家族規範の根幹をなすことから，夫外国人ムスリム・妻日本人のカップルを対象にした調査研究を通して，信仰によるイスラーム社会の家族規範を考察することが可能なことである(14)．

第6章では，夫と妻の結婚満足度が，妻のイスラームへの適応や親族との関係によってどの程度規定されるのかについて考察する．さらに，第7章ではインタビュー調査から，妻のイスラームへの適応状況や，適応過程における精神的葛藤について考察するとともに，妻がイスラームを受け入れない場合の夫の精神的葛藤についても検討する．

ムスリムを含むニューカマー外国人の流入が本格化したのが1980年代半ばからであるが，1990年代になると滞在の長期化あるいは定住化が指摘されるようになった．定住化する外国人のなかには日本人と結婚し，日本でエスニックビジネスを展開している者もいる．第8章「国際結婚とエスニックレストランの展開」では国際結婚カップルが経営するエスニックレストランを取り上げ，日本人女性と結婚した外国人が，日本での定住のプロセスのなかで何故，そしていかにエスニックレストランを展開しているのかについて検討する．外国人が自らのエスニック特性を活用してビジネスを行うことが，彼ら自身にとって，日本人妻にとって，そして地域社会にとってどのような意味をもつのかを探ることがねらいである．

本書では，第5章を除く各章でインタビュー調査やアンケート調査からの分析を行う．インタビュー調査では対象者の主観的な意識の様相から，国際結婚カップルの生活の実態や彼らが抱える問題を明らかにすることが目的である．さらにインタビュー調査から得られた知見は，アンケート調査結果を検証する際の付帯状況として用いるうえでも有効であると考える．

アンケート調査にもとづく数量的分析においては結婚満足度を従属変数として用いた．夫および妻にとって，配偶者が自分の期待を認知し，遂行することによって，夫婦の存続必要性が高くなるとともに，配偶者からの期待を認知し，遂行することができるほど夫婦としての存続可能性が高くなるといわれているが[15]，具体的に夫および妻は，文化的背景が異なる配偶者に対していかなる期待をもち，その期待を遂行することでどの程度，結婚満足度を高めることができるのか，また夫婦を取り巻く環境がどの程度，結婚満足度を規定するのかを理解することが目的である．個人レベルやカップルレベルからの分析だけではなく，他者との関係からの分析も行ったのは，ある個人がどのような行動をとるかは，その個人に固有の特性から説明し尽くされるのではなく，他の人々との関係の全体像を視野に入れ，関係の構造的特性からの影響を考慮に入れなければ充分に理解できないからである[16]．

本書では，インタビュー調査とアンケート調査から，台湾に居住する夫台湾人・妻日本人のカップル，および日本に居住する夫外国人ムスリム・妻日本人のカップル，エスニックレストランを経営する夫ニューカマー外国人・妻日本人のカップルの生活の実態や抱える問題などを考察する．これにより，国際結婚の一側面を明らかにするとともに，それぞれの社会の家族規範，およびその社会的背景への理解を深める一助となれば幸いである．

注
 （1） 日本の戸籍役場に届出る「創設的届出」．山田鐐一・澤木敬郎他『わかりやすい国際結婚と法』有斐閣，1990年，p. 19
 （2） 外国でその国の方式に従って結婚を成立させ，結婚の成立に関し権限のある機関が発行する婚姻証書をその国の日本の領事等に提出する「報告的届出」．同上書，p. 19
 （3） 日本で届出された国際結婚件数は，厚生労働省『人口動態統計』を，外国で届出された国際結婚件数は，厚生労働省保管資料を参考にした．
 （4） 2001年に日本で届出された国際結婚のうち，夫日本人・妻外国人は31,972件（80.5％），夫外国人・妻日本人は7,755件（19.5％）であり，外国で届出さ

れた国際結婚では，夫日本人・妻外国人は1,130件（14.1%），夫外国人・妻日本人は6,892件（85.9%）である．
(5) 拙著『国際結婚の社会学』学文社，2000年，p.118
(6) 1999年1月27日付朝日新聞（国際衛星版）
(7) 2000年12月29日付朝日新聞朝刊
　　2001年現在，観光目的で日本を訪れる外国人全体に占める台湾人の割合は26.1%で，1988年以降14年連続で最多であり（国際観光振興会監修『日本の国際観光統計2001年版』国際サービスセンター，p.5，p.22，p.28），訪台外国人旅行者総数に占める日本人の割合も2000年現在，34.9%を占め最多である（国際観光振興会編『JNTO国際観光白書2002年版』国際サービスセンター，p.192）．
(8) 拙稿「国際結婚カップルの異文化適応に関する研究」日本社会病理学会編『現代の社会病理』第12号，1997年，pp.91-102
(9) 野沢慎司「家族研究と社会的ネットワーク論」野々山久也・渡辺秀樹編『社会学研究シリーズ1　家族社会学入門―家族研究の理論と方法―』文化書房博文社，1999年，p.162
(10) 2000年2月4日付毎日新聞朝刊
(11) 桑山紀彦は，日本の農村に嫁いだフィリピン人女性のクリスチャンとしての宗教的葛藤について考察している（桑山紀彦『国際結婚とストレス―アジアからの花嫁と変容するニッポンの家族―』明石書店，1995年，pp.31-32）．また著者は，夫外国人・妻日本人のカップルを対象に実施した調査から，宗教と，結婚に対する両親の反対の度合いとの関連を検証している（拙稿「国際結婚に対する社会の寛容度」日本家族社会学会編『家族社会学研究』第10(2)号，pp.71-82）．
(12) イスラームでは，信者の女性が異教徒の男性と結婚することを禁止する一方，信者の男性がイスラームと同じ啓典の民（キリスト教徒・ユダヤ教徒）の女性と結婚することを認めている．しかし，国によって結婚の方式は異なり，イスラーム法の方式によらなければ結婚の成立を認めない国もあれば，イスラーム法の方式によらなくても結婚の成立を認める国もある．後者の場合でも，ムスリムとの結婚に際し，イスラームに改宗することが望ましいとされている．
(13) しかし，イスラームは強制をする宗教ではない．
(14) イスラミックセンタージャパン『イスラームの家族生活』イスラミックセンタージャパン，1976年，p.24
(15) 神原文子『現代の結婚と夫婦関係』培風館，1991年，pp.153-154
(16) 野沢慎司，前掲論文，p.164

I 台湾における国際結婚

第1章　日台関係の変遷と日台結婚の変容

日本の統治時代から半世紀以上を経て，近年再び台湾人男性と日本人女性の結婚が増加傾向を示しており，現在，台湾には幅広い年齢層の日本人妻が生活している．本章では，日本の統治時代から現在に至るまでの日台関係の変遷や台湾社会の変容を追いながら，それぞれの時代の日台結婚および日本人妻の生活をインタビュー調査から検証するとともに，日台関係の変遷にともなう日本人妻の国籍の変動について検討する．日台結婚の歴史的・社会的・法的背景を考察することによって，日台結婚および日本人妻の生活への理解を深めることが目的である．

1　調査の概要

　本調査対象は，台湾に居住する台湾人の夫をもつ20代から80代の日本人妻33人で，2002年12月に台湾においてインタビュー調査を行った．調査対象者のプロフィールを付表1-1に示す．台北での調査は，「居留問題を考える会」[1]会長，大成権真弓様，高雄での調査は鐘春恵様，葛西恵津子様，荒巻珠代様のアレンジにより実施することができた．そのほか，2001年に行ったアンケート調査のアンケート用紙に書かれていた住所に連絡をとって協力を得たケースもある．[2]

2　日台結婚からみる台湾社会の変遷

(1)　日本の統治時代

　1895年，日清戦争で敗れた清国が下関条約によって台湾を日本に割譲して以降，1945年まで50年間にわたって台湾は日本に統治されることになった．

　日本の統治下の台湾では，日本人は政治，経済，産業，教育などあらゆる面において特権を与えられていたのに対し，台湾人は政治参加をはじめとするさまざまな権利を制限，剥奪され，従属的な地位に甘んじていた．[3]さらに，日中戦争に向けて戦時体制を整えつつあった1930年代になると，日本語使用や神

社参拝の強制など「皇民化政策」が推進され，1945年1月には徴兵制が実施された．

1945年3月，戦中に夫とともに台湾に渡ったFは当時を振り返って次のように語る．

　電気会社に勤めていた主人が1年間の出張で日本に来ていたときに知り合いました．その頃，私は東京にある電話局で交換手をしてましてね，そこに主人がよく電気の修理に来てたんです．主人から映画に誘われたりしましたけど，最初は断ってたんですよ．でも，そのうちにおつき合いするようになって，出張が終わるから台湾に帰るっていうんで，結婚したんです．あの頃は台湾が日本でしたから，国際結婚なんていう意識はありませんでしたけど，母（父は他界）が心配しましてね．「そんな遠い所に行ってはいけない．必ず泣くことになるから」って反対しました．それでも反対を押し切って，日本で結婚式も挙げて，1945年の3月16日に門司の港から出発しました．

　16隻の船が一団となって出たんですが，その夜1隻が機雷にやられて沈んでしまいました．あちこちに機雷が浮いているし，米軍の偵察用飛行機は飛んでいるし，怖かったですよ．前と後ろにブイをつけてね，空も，海も真っ暗だけど，船長が飛び込めと言ったら飛び込まなければならない状態でした．

　船長さんが機雷を避けて，避けてして進んだから，4日で基隆（キールン）に着くところが14日かかりました．私たち船とともにダメだと思いましたけど，お陰様で基隆に着くことができました．でもこれからどうなるのか心細かったわ．船長さんにお願いして船に乗せてもらって帰ろうかと思ったぐらい．でもね，東京にいても，毎日毎日爆弾落とされていて，いつ殺されるかわからない時代でしたからね．

　基隆からまず台北市内に入ったら市場があって，いろんな食べ物を売っ

ていましたから、なんて物が豊富なところなんだろうって思いました。東京じゃ、おかゆさえ食べられない時代でしたからね。台北から主人の田舎（台湾の南部）までは汽車で一晩かかりました。その汽車がいっぱいでね、みんな窓から乗ったりしてました。立ったまま動けないんですよ。駅に着いてからは、窓が壊れているようなおんぼろのバスで1時間かけて田舎に着きました。水道もガスもない。大きな椰子の木がたくさんあるだけ。それが夜に風で揺れる姿がなんだか寂しげでね。遠くに来ちゃったんだなって、涙がとめどなく流れてきました。

　あの頃、台湾では奥さんが日本人だと扱いがよかったですよ。配給も日本人と台湾人に差がありましたし、お給料も差がありました。最初に住んだ田舎では、纏足のおばあさんやアヘンを吸っている人がまだいました。纏足もアヘンも最後の時代だったと思います。童養媳(4)もまだいました。何よりもびっくりしたのは、みんな檳榔（ビンロウ）(5)を噛んでいて口のなかが真っ赤だったことです。

　終戦のとき、近所の人が頻繁にうちに出入りして、主人と何だかごそごそ話してるの。私は言葉がわからなかったけど、尋常じゃないことだけはわかりました。終戦の直後に私のいた田舎では暴動が起こりましてね、日本時代に威張ってた人は台湾人から殴られたりしてました。私は日本人だから、ここにいては危ないって言われて、別の街に越しました。日本に帰るに帰れないし、怖いし。主人ひとりを頼りにしてこっちに来たわけですから。

(2) **終戦直後**

　1945年8月14日、日本はポツダム宣言を受諾し、翌15日に無条件降伏した。これにともない、台湾は祖国、中華民国に復帰し、中華民国台湾省となった。50年におよぶ日本の統治から解放された台湾の人々は「光復」（祖国復帰）を喜んだが、戦後、新たに中国大陸から渡って来た外省人、すなわち国民党の

官吏や軍人による独善的な振る舞いに失望し，怒りすら覚えることとなる．

　1945年10月24日に台湾省行政長官，陳儀が台湾入りし，翌25日に接収手続き，「受降典礼」が行われた．国民党政権の下，本省人，すなわち第二次世界大戦前から台湾に居住していた人々が省政府から排除されたり，日本資産の接収をめぐる不正が横行したほか，国民党の官吏や軍人が規律を守らないため社会的混乱が発生した(6)．これに，深刻なインフレも加わり，本省人の不満は募るばかりであった．「犬（日本人）が去って豚（外省人）が来た」といった言葉すら囁かれるようになった．犬は吠える代わりに番犬として役立つ．しかし豚は食べて寝るだけだという痛烈な皮肉である．

　Fは，「台湾の女性に犬と言われました．何ともいえない気持ちでした．私のいた田舎では女性を婦人と呼ぶのに，日本の女性に対してはメスという呼び方でした．私は日本で職業婦人としてお給料をもらって，宝塚とか歌舞伎とか見るのが好きだったんですよ．だけどこっちに来たら何にもない．なのに，犬だとかメスなんて言われ方して，衝撃でしたよ．主人は『そんなことぐらい何でもない．我慢しろ』って言うんですけど，それが原因で夫婦喧嘩にもなりました」と語る．

　戦後間もなく，日本語の使用が禁止され，日本と手紙のやり取りすらできなくなった．AEは，「戦後しばらくは，日本と手紙のやり取りができませんでしたから，日本と何の接触もありませんでした．5～6年たった頃にようやく，日本の母から手紙を受け取ったときには嬉しかったですよ．でも，検閲されてましたから，政治のことやなんかはもちろん書けませんからね，お元気ですか，とかそんな話だけですけど」という．

　1947年2月28日には2・28事件が発生した．27日に台北市内で闇タバコを売っていた台湾人女性に対して，外省人の専売局闇タバコ摘発員が暴行を加えたことに抗議をした群衆の1人が摘発員に撃たれて死亡した．翌28日，行政長官公署に抗議に訪れた群衆に警備兵が発砲し，多くの死傷者を出した．群衆は放送局を占拠し，ラジオを通じて台湾全土に抗議行動を起こすようにと呼

びかけ，3月1日には都市部だけでなく地方でも騒動が起こり，事件は台湾全土に波及した(7)．このとき多くの本省人が被害を受けたが，外省人だというだけで被害を受けた者も多いという．しかし，3月8日に中国大陸からの増援部隊が到着すると，彼らは武力で抵抗を鎮圧した．そして，その後に白色テロの時代がはじまったのである．各地で事件の関係者をはじめ，政府に批判的とされた弁護士，医師，教師などの知識人が逮捕され，惨殺された(8)．日本教育を受けた知識人だというだけで罪を捏造され，連行された者もいた(9)．

　Fは2・28事件当時の様子をこう振り返る．「今の日本人が想像できないぐらい恐ろしかったです．商業高校の生徒がたくさん駅で殺されてるのを見ました．血で真っ赤ですよ．日本帰りやインテリは理由もなく捕まえられたり殺されたりしてました」．またEは，「うちの主人は白色テロの受難者で，緑島に入れられていました(10)．歯科医になるための勉強を日本語でしていただけで，政治的な活動はしていなかったんですけどね．少しでも疑いを受けたら監獄に入れられた時代でした．私と知り合う前の20代の8年間をそこで過ごしたんです．それがいまでもトラウマになっています．民進党（民主進歩党）政権になったから，今年，賠償金をもらいましたけど，それで8年間が戻ってくるわけではありませんよね」という．

(3) 蒋介石総統時代

　戦後，国民党と共産党は中国各地で衝突を繰り返し，覇権を拡大した共産党は，1949年10月に北京で中華人民共和国の建国を宣言した．内戦に敗れた蒋介石率いる国民党は1949年に台湾に撤退した．このとき，官吏や軍人とその一部の家族など100万～200万人が台湾に渡って来た(11)．

　戦後，夫とともに中国大陸から台湾に渡って来たAFは次のように語る．
　　私は中国のハルビンの収容所で終戦を迎えました．何か月もお風呂にも入れず，着の身着のままだったから，着物と着物の間に虫が湧くのよ．夜

になると収容所に軍人が女を探しにやって来て、怖かったわ。解放されても、引き上げ船が入らないから何か月も待ってました。その間に、奉天にある日本のホテルで仕事をはじめました。そこに接収員としてやって来たのが主人です。

　主人は写真を撮るのが好きな人でね、台北で博覧会があったときに写真を出すためにこちらに来たの。その頃、中国では共産党と国民党が内戦してたでしょ。主人は国民党の軍人だったから、帰ればすぐに共産党に引っ張られるし、帰るに帰れないのよ。それで、ここ（台湾）で生活をはじめたの。中国から何ももって出られなかったから、10か月になる子どもをかかえて、それは大変でしたよ。おむつひとつなかったんだから。台湾に来たら、日本語が禁止されているし、自由がなかったわね。主人も私を外にあんまり連れて歩きたがらなかったわ。

　また、日本の大学に留学していた夫と見合い結婚をし、夫の仕事の関係で北京に渡り、戦後、夫とともに台湾に引き揚げてきたXは、「外省人は支配者という態度をしてましたから、主人を含めてたいがいの台湾人は苦労が多かったと思います。台湾人はみんな親切でしたよ。主人は日本語世代と言われることを嫌がります。国語が日本語で、選択肢がなかっただけなんですからね」と語る。

　第二次世界大戦中に日本人として中国で戦った経験のある夫をもつOは次のように述べている。

　主人は小さいときから（台湾で）日本人として育ち、日本人として中国に戦争に行き、（戦後）帰って来たら中国人（日本の統治が終わって国民党が支配）だと言われた人です。かなりアイデンティティの揺れがあったと思います。でも、主人は今でも教育勅語を毎朝暗唱しています。それがあの人の原点ですから。

　私は日本国籍のままですけど、ここの色に染まろうと努力しました。日

本人として目立ちたくありませんでした．田舎ですから主人もそれを望みました．私も古い人間なんだと思います．私は主人と年が20歳離れていて，戦後教育を受けていますけれど，「戦中派ね」って日本でもよく言われました．

　国民党政権は「特務機構」を台湾にもち込んでおり，特務による摘発は1949年早々から本格化した．特務機構とは，国家の治安・情報活動に名を借りて，内外の台湾人の政治活動や思想を監視して，国民党政権や国民党に対する批判者を摘発する組織である．特務機構は「線民」と称する何らかの強制，買収，または志願によって獲得したおびただしい民間通報者をかかえており，それは幾重にも張りめぐらされていた．
　国民政府は1949年5月に戒厳令を施行して体制を固め，これによって言論，集会，結社などを禁止し，政府に批判的な活動を摘発する政治弾圧を行った．同年12月には正式に中華民国政府を台北に移し，1950年3月，蒋介石は総統に復帰したのである．

　Zは戒厳令下の台湾での生活を次のように語っている．
　　隣の人がどういう考えをもっているかなど話しませんし，いつも人のことを警戒していました．テレビドラマの合間に「もし不法な考えをもっている人がいたら，ここに電話をしてください」という密告を促すコマーシャルが流れたりもしていました．
　　私の趣味は俳句です．日本にいたときからの趣味です．台湾で「日本人ですか」とよく聞かれるんですが，何をもって日本人というのだろうかと考えはじめました．日本人として日本のことをよく知っておかなければいけないと思いましてね．日本でも俳句会に入っていましたので，つながっていたいとも思いましたし，こちらの俳句会に参加しますと自由に日本語が話せますしね．国際結婚でこちらにいらっしゃった方もいますが，日本

語世代のお年寄りが多いです．

　台湾に参りましたときは戒厳令の時代でしたから，多人数が集まると目をつけられますし，もちろん団体としては許可されませんでしたから，こっそりと俳句会を開いたりしました．政治的な意図はありませんし，俳句のなかに政治的なものを織り込まないように気をつけていました．今は自由に何でも言える時代ですけど，長い間の戒厳令の抑圧がありましたから，身にしみている方もおられますし，今まで我慢していたことを俳句のなかで言いたいという方もおられます．また，今後（台湾が）どうなるかわからないから，沈黙を守りたいという方もおられます．

ACは戒厳令下の生活について，「私は文芸春秋を読むのが好きだったから，台湾にある代理店を通して毎月送ってもらってたんです．居留証をもって警察に届出て，『私はこの本を読んだら誰にも見せません』という誓約書を書かされました．もちろん検閲がありますから，検閲済というスタンプが押されていてね．政治的なことが書かれているところは破いてありました．古い文芸春秋を今も捨て切れないで取ってあります」と話す．

　さらに国民政府は，中国共産党関係者の潜入を防ぎ，人口流出を抑制する必要から，厳しい出入国規制を行っていたため，出国の際には警備総司令部に届出，「入出境証明」を受けなければならなかった．(15)このときの妻の国籍については，4「日台関係の変遷と妻の国籍」で述べるが，平和条約発効（1952年）以前に台湾人のもとに「嫁入り」した日本人妻は，日本国籍を喪失することになったため，中華民国の国民として警備総司令部から，出国と再入国の許可を受けなければならなかったのである．Fは，「結婚して14年たったときに（1959年），子どもを連れて里帰りしようと思って手続きをしました．でも出国許可がなかなかおりなくて，半年ぐらいかかりました」という．また，日本に里帰りしようと数回試みたJは次のように語る．

1回目は父の法事を理由に（入出境証明の）申請をしました．日本からお寺の証明を送ってもらったりしましたけど，書類を揃えても係の人が替わったりして許可が出ませんでした．2回目は，母の病気を理由に申請しようとして，病院で診断書を書いてもらったんですけど，このときも許可がおりませんでした．3回目は母が危篤だったんですが許可が出ませんでしたから死に目に会えませんでした．結局，主人の知り合いの会社にお勤めしていることにして，仕事で日本に行くということにしたら許可が出ましたので，1967年にはじめて里帰りしました．13年ぶりの日本でした．嬉しかったですね．日本が随分変わっているのを見て驚きました．
　　若い頃はあんなに苦労して里帰りした日本ですけど，今は住めば都，日本に帰ってもすぐに台湾に帰って来たくなります．今こうして幸せでいられるのは，主人と主人の家族の助けが大きかったと思います．

　1972年，日本は中華人民共和国との国交正常化にともない台湾との国交を断絶したが，その後も民間レベルでの活発な交流は続いている．
　Mは，「1972年当時は日本語を話すのもビクビクしてました．大使館から日本語を控えるようにという通知が来ましたが，すぐに平気になりました」(16)という．また当時，台湾の大手企業グループの社長秘書をしていたHは，「断交は台湾の方々（本省人），特に経済界の方にとってショックだったと思います．これから日本と手を組んでやっていこうとしていたときでしたからね．日本と台湾の交流を喜んでいたのは台湾人（本省人）です．蔣一家（外省人）のやり方は台湾の人（本省人）とは違いました」と語る．
　国民党の一党独裁体制が続くなか，台湾は1970年代に急速に工業化が進み，経済成長を遂げた．1971年の失業率は3.01％で，台湾はこの時点でほぼ完全就業を実現したことになる．(17)家庭電気製品も1970年代以降急速に普及し，普及率は1975年には冷蔵庫が約60％，白黒テレビが約70％，80年には白黒テレビに代わってカラーテレビが約60％，洗濯機が約60％，冷蔵庫が約90％に

伸びている.[18]

「台湾が経済成長を遂げた頃から,街の様子が随分変わりました」というZは次のように続けた.

　　70年代にはタクシーに乗ってもドアが閉まらないような車が走っていたり,バスに乗ってもクーラーがきいていませんでしたけど,80年代になりますとBMWのタクシーが出はじめたり,クーラー付きのバスが走るようになりました.いい風に台湾が変わった反面,いい面も失われた感じがします.夏になりますと,近所中が夜に星を見ながら夕涼みをするんですよ.夏の風物詩だなって思っていたものが,それぞれのお宅に冷房やテレビが普及して,みなさん家の中で過ごすようになりましたでしょ.日本には既になくなっていた懐かしい雰囲気がありましたからね.

(4) 蒋経国総統時代

　1975年,蒋介石の死去にともない,息子である蒋経国が1978年に総統に就任した.この頃から民主化への動きがみえはじめる.翌79年からは海外への観光旅行が自由化され,前述の出入国規制が解かれることになった.日本人妻たちは,「入出境証明」取得のための煩雑な手続きを行う必要なく里帰りができるようになったのである.

　1986年には戒厳令に基づく「党禁（新規政党の結成禁止）」を犯しながらも,民進党が結成され,国民政府はこれを黙認した.翌87年7月には,38年間にわたって敷かれてきた戒厳令が解かれることになる.Zは,「戒厳令の頃はみんな険しい顔をしていた気がします.長い間の抑圧のせいか,戒厳令が解けてもしばらくはみんなまだ周囲を警戒していましたけど,この10年ぐらいの間に人々の顔つきが変わりました.ゆったりとした顔つきになりました」という.

　1980年代になると,禁止されているはずの日本のビデオの海賊版が売られたり,レンタルビデオ店で公然と貸し出されるようになった.さらに,衛星放送や非合法のケーブルテレビを通して,日本,アメリカ,香港などのテレビ番

組も見ることができるようになった．

　Aは，「日本のテレビ番組が解禁になる前は，あちこちにビデオショップがあって，そこで日本の連続ドラマなどを借りて見ていました．でも，ビデオショップで借りていたビデオは違法のもので，明らかに日本で放映された番組をそのまま録画して貸し出していました．コマーシャルや字幕ニュースなんかもそのまま入っていました」と語る．またTは，「解禁になる前でも，日本のビデオは簡単に手に入りました．大きなカバン一杯に貸しビデオをもって，顔なじみの家を回る『かつぎ屋』と呼ばれる人がいましたしね．日本語世代の主人の父は日本の時代劇が好きだったから，よく借りてましたよ」と話す．さらにMは「バスで2～3時間かけて台北に行って，友だちのうちで紅白歌合戦のビデオをこっそり見るのが何よりの楽しみでした．それが大変だとも思わなかったのよ．見たくって，見たくって仕方がなかったんですから」という．

　ケーブルテレビについてはIが次のように語っている．

　　私が台湾に来た1989年当時はテレビ局が3局しかなくて，すべて北京語でした．来てすぐの頃は北京語ができませんでしたから，日本語か英語のテレビを見たかったんです．当時，高価でしたがパラボラアンテナをつけている家庭も多くありましたし，違法ながら地下ではケーブルが引かれていて，それが台湾全土に広がりつつありました．CNNが見たかった．でもどうやったら見ることができるかわからなかった．近所のお米屋さんに行けばケーブルテレビの連絡先がわかるようだという噂を聞いて行ってみたら，やっぱりお米屋さんはケーブルテレビを見てて……．だけど警察関係者が違法のケーブルテレビを調査していましたから，警戒されないように，まず顔見知りになろうと，毎日主人と一緒に，お米やミルク，卵を買いに通いました．2週間ぐらいたってからお米屋さんにケーブルテレビの連絡先を聞いたら，すんなり教えてくれました．違法なのに，あの頃みんなケーブルテレビを見てて，もう止められなくなっていました．

また，1980年代半ば以降，日本の大手デパートが台北，台中，台南，高雄などに盛んに進出し，地下の食料品売り場では，納豆，のりからカレールウなどあらゆる日本の食品が売られている．

ACは「日系のデパートができたとき，ディスプレイが日本みたいで，東京に帰ったような気持ちになって嬉しかったわ」と語り，Fは「日本の書店が日系デパートに入っているから日本の本が買える．日本の文庫本を読むのが楽しみです．地下のスーパーは全部日本式ですよ．ひとりではお寿司屋さんに入りづらいけど，デパートでお寿司を買って来ればうちで食べられます」と語る．

(5) 李登輝総統時代

1988年1月，蒋経国総統の死去にともない，李登輝副総統が本省人としてはじめて総統に就任し，李登輝政権のもと急速に台湾社会の民主化が進んだ．1992年には立法委員の全面改選[19]，つまり台湾史上初の住民による国政選挙が実現し，1996年には初の総統直接選挙が行われ，李登輝が54%の高得票率で当選した．

民主化が進展するなか，1993年にはケーブルテレビが合法化され，地上波テレビでも日本のテレビ番組の放送禁止令が廃止された．それ以降，各テレビ局で相次いで日本の番組を放送しはじめるようになる．さらに，翌年には日本製映画の輸入も全面解禁され[20]，これらに続いて日本の書物や雑誌なども大量に輸入されるようになった．

Nは，「あなたが日本をしょってきたって義母に言われました．私が来たのがちょうど日本のものが台湾に溢れ出したときでした．若い人が日本の文化に飛びついたときでした」．またAは，「解禁になった後は，テレビをつけると日本語なので楽しみが増えました．今では，大晦日には紅白を見てお正月気分を味わっています」という．

多くの日本人妻にとって日本の番組を見ることは楽しみのひとつのようである．「（日本の番組を）見ますよー．日本のテレビ番組を見るのが楽しみ．だか

ら張り切って新しいテレビを買ったの．私は画質にこだわるんですよ．最高のものを見たい．88年のソウルオリンピックのときにパラボラを入れて，今はケーブルも引いています．ウインブルドンのテニスを日本のチャンネルで見るのが私の趣味のひとつなんです」と語るXの自宅の床の間には真新しい大きなテレビが置かれていた．Xは夫とともに日本時代に建てられた日本家屋の官舎に居住している．

　1990年代後半になると，日本のテレビドラマや雑誌の影響もあり，台湾で若者を中心とする日本ブームが起こった．日本ブームのなか台湾に渡ったKは，「日本人にとって世界中で一番生活しやすい外国は台湾だ」という．「日本食は何でも食べられるし，ケーブルテレビでは日本語専用チャンネルがいくつもある．コンビニや喫茶店などもあって，街を見渡しても，あー，日本とそんなに変わらないなって感じます」．

　しかし，日本ブームについてXは冷静な見方をしている．「日本語世代は根のあるものです．でも今の日本ブームは日本の表面的なものに憧れているだけ．楽しいと思いますが捨てるのも簡単でしょう」．

(6) 陳水扁総統の誕生

　李登輝総統の任期満了にともなう2000年3月の総統選挙で民進党の陳水扁が勝利し，半世紀におよんだ国民党の支配が幕を閉じ，政権交代が実現した．民進党は，民主化，台湾化と並んで台湾の独立を党綱領で掲げていることに加え，2002年8月の陳総統による「一辺一国（海峡両岸にそれぞれ1つの国）論」の提起もあり，台中関係の行方が問題となっている．

　しかし，これは政治面でのことであり，経済面では1980年代後半以降，台湾海峡両岸では，香港を介して貿易が大きく進展し，台湾から中国への投資も活発に行われている．さらに近年は，台湾企業が既に開拓した中国市場への日本企業の進出の仲介をするなど，台湾と中国および日本の経済関係は緊密化している．

15年間台湾に居住しているRは近年の台湾社会の変化を次のようにみている.「この10年間の変化は大きいです.MRT（台北の地下鉄），日系デパート，ケーブルテレビ，携帯電話の普及，コーヒーショップもたくさんできましたし，街もきれいになりました.でも何よりも一番大きいのはインターネットでしょうね.日本語を読んだり聞いたり話したりするのは，精神安定に大きく影響しますが，特にインターネットは大きな情報改革だったと思います」.

1990年代から日本との通信手段や日本の情報の得方も大きな変化を遂げた.日本との通信手段は，手紙に加えて80年代に電話が普及し，80年代後半になるとファックスが登場する.90年代後半にはインターネットの利用者が急増し[21]，今日では，日本のニュースをインターネットで読み，電子メールで日本の親きょうだいや友人と毎日のように連絡を取り合う日本人妻も20代から40代を中心に多くみられる.

インターネットによる日本との通信や情報の得方についてSは次のように語っている.

> ネットができてから，リアルタイムで日本のニュースを知ることができ重宝しています.先日もアザラシのタマちゃんのニュースをネットで知り，日本の母の携帯メールに連絡したところ，「台湾にいる人から教えてもらった」という返事がきました.このように現在は母も携帯メールを使い，私に色々と連絡してきます.私が母の携帯メールに送るとすぐに返事をくれますので，簡単な連絡などはメールで済ませています.でも，声を聞いて話をするのはやはり違いますから，週に1～2回は電話で話しています.以前は母からファックスを受け取ることも多かったのですが，最近ではメールと電話がメインになり，ファックスレターはなくなりました.

インターネットから情報を得るだけでなく，自ら台湾の情報を発信するためにホームページを設けている日本人妻も存在する.日本の両親と手紙のやりと

りをすることすらままならなかった時代から半世紀以上を経て，通信手段や台湾社会が大きく変化した．「インターネットはまさに外の世界への窓です」とＳが語るように，台湾に居住する日本人妻にとって日本がより身近になってきている．

3　省籍と族群

台湾は人口2,228万人（2000年末現在）から成り，「省籍」や「族群」が複雑に絡み合った社会である．

「省籍」は本省人と外省人を指し，本省人は第二次世界大戦以前から台湾に居住している人々およびその子孫，外省人は第二次世界大戦後に中国大陸から新たに台湾に渡って来た人々およびその子孫を意味する．

さらに，本省人は閩南人（福佬人），客家人，原住民といった「族群」に分けられる．「族群」は民族や部族とは異なり，同じ漢民族のなかでも，文化的・歴史的・政治的要因によって分かれている．閩南人，客家人とも漢民族であるが，閩南人は福建省南部を主な出身地とし，17世紀末以降中国大陸から台湾に渡って来た人々であり，その後に台湾に渡って来たのが客家人で，広東省と福建省付近を主な出身地としている．先に台湾に渡って来た閩南人に対して，やや遅れてやって来た客家人が得たのは条件の悪い土地であり，それだけに生活には苦労した．[22] 原住民[23]はマレー・ポリネシア系の人々で主に山地に居住している．このほか，広義では原住民のカテゴリーに入る平埔族がいる．漢民族に混ざって平野部に居住し，狭義の原住民に比べ著しく漢民族への同化が進んでいるため漢民族と見分けがつかなくなっている．[24]

台湾を構成する「族群」の構成比は，閩南人71〜75％，客家人12〜13％，外省人10〜15％，原住民２％であり，[25] 使用言語も異なる．日本の統治時代の教育を受けた人々は日本語を，戦後の教育を受けた人々や外省人は国語（北京語）を話すが，台湾語は台湾の「商場語言」（商売語）と言われるように，経済界では台湾語がよく用いられ，家庭では閩南人は閩南語（台湾語）を，客家人

は客家語を、原住民は各部族の言語を話す。しかし、近年では国語の普及により、自分の「族群」の言語を話せない若者が増えている。その一方で、「台湾化」の高揚のなか、飛行機や電車などのアナウンスに北京語とともに台湾語や客家語が使用されるようにもなっている。

複雑な「族群」の絡み合いは、単純にマジョリティーとマイノリティーの関係でとらえられないところが難しく、特に本省人と外省人の対立構造は「省籍矛盾」と呼ばれている。しかし、最近では政治面以外では融合しており、結婚の際に「省籍」に拘る人はほとんどいない。1992年の戸籍法の改正により、戸籍登録における「籍貫」が廃止され、本人の出生地のみを登録することとし、身分証も95年からはこれを反映したものが発行されるようになった。それ以前は身分証の「籍貫」の欄に父親の出身地が書かれており、これが外省人と本省人を区別する客観的指標とされていた。

日本人妻の間でも、夫の「省籍」や「族群」による隔たりはなく、「うちは外省人だから親戚も少なくて楽よ」などという話が気軽に出てきたりする。インタビュー調査のなかで、本省人、外省人という意識は、年配の日本人妻の方が強いという印象を受けたが、外省人の夫をもつ30代のWからも次のような話は聞かれた。「家の中では台湾語を話す必要はありませんが、つき合いは家族だけではないので、台湾語のレッスンに通おうとしましたが、主人は『台湾語は自分たちの言葉じゃないから習わなくっていい』って言うんです」。しかし、外省人であっても、特に外省二世となると、子どもの頃に本省人の子どもと接するなかで台湾語を覚えたという人や、仕事の関係などで台湾語を話す人は多い。

このほか「族群」にかかわる問題として、「客家に嫁ぐと大変だ」とかつて台湾で言われていたことがあった。客家人は、質素、倹約、勤勉という言葉でよく形容され、農作業や家畜の世話といった戸外労働に女性も従事していた。

1945年に客家人の多い村に嫁いだ80代のFは、当時の様子を次のように語る。

客家の女性は裸足で，日が昇ってから沈むまで畑で働いていました．私が嫁いだ村には客家人と結婚した日本人女性が7人住んでいました．日に焼けて真っ黒になって，もう，日本人の面影はなかったですね．そのなかの1人はお豆腐がこっちにあるのを知らないで，「お豆腐が食べたいわ」って言ってたけど，亡くなってしまいました．日本の街で育った者にはできないことだと思いました．

しかし，30代のRは，「昔は客家に嫁に行くと大変だよと言われていたそうですが，今はそんなことないです．客家人といえば冷静，穏やか，倹約，勤勉などと言われています．主人の母をみているとなるほどと思うことはありますが，恐らく私たちの親の世代ぐらいまでのことだと思います．その後の世代は，台湾全体の経済的向上もあり，倹約家や勤勉家ばかりではありません．資質次第，教育次第という感じです」という．

客家人は多数派である閩南人に合わせ，台湾語を話せる者が多いが，客家語を話す閩南人は非常に少ない．年配の本省人のなかには台湾語や客家語しか話せない者もおり，夫の両親と身振り手振りでしかコミュニケーションがとれず，夫かほかの人に通訳をしてもらわないと話ができないと数人の日本人妻が語っているが，Sのように北京語を習得した後に台湾語のレッスンに通い，「主人の母に覚えたばかりの簡単な台湾語で話しかけたら，とても喜んでくれました」というケースもある．

4　日台関係の変遷と妻の国籍

日清戦争の結果，1895年4月17日に締結された下関条約によって，台湾は日本に割譲された．1899年からは国籍法が台湾で施行されたが，「内地」（日本本土）では民法を，台湾では慣習を適用しており，適用される法が異なっていたうえ，日本人と台湾人が適法なる結婚をなし得る手続規定も存在していなかった[30]．

日台結婚および台湾人と他の「外地人」との結婚に関して，1923年1月1日から台湾で民法が適用された．民法の規定する結婚の方式は「之ヲ戸籍吏ニ届出ヅル」ことであるが，届出と不可分関係にある戸籍制度が台湾に存在していなかったため，結婚が成立しないか，成立はしても送入籍が行われず，大半が内縁関係として取り扱われるという問題が生じていた．

　これが解決するのは，昭和7年律令第2号および昭和8年台湾総督府令第8号（両令とも件名は「本島人ノ戸籍ニ関スル件」で1933年3月1日施行）によって台湾に戸籍制度が布かれてからである．台湾総督府令第8号の第2〜4条において日台結婚の送入籍の手続規定が定められ，これにより従来の日台事実婚も法律上の届出手続を行うことができるようになったのである．

　台湾が日本の統治下にあった時代に，日本人同士の結婚として台湾人男性と結婚した日本人妻たちであるが，戦後，本人たちの意思とは関係のないところで国籍の変動が生じることになった．

　1951年9月8日締結，1952年4月28日発効のサンフランシスコ平和条約により，日本は台湾および澎湖諸島に対するすべての権利を放棄した．さらに，日本はサンフランシスコ平和条約の署名国でなかった中華民国との間で1952年4月28日に日華平和条約を締結し（同年8月5日発効），台湾および澎湖諸島に対する領有権の放棄を確認した．日華平和条約10条では，「この条約の適用上，中華民国の国民には，台湾及び澎湖諸島のすべての住民及び以前にそこの住民であった者並びにそれらの子孫で，台湾及び澎湖諸島において中華民国が現に施行し，又は今後施行する法令によって中国の国籍を有するものを含むものとみなす」と定めている．しかし，サンフランシスコ平和条約においても，日華平和条約においても，台湾および澎湖諸島の割譲に伴う台湾人の国籍の変動の問題を直接的かつ全面的に解決するような明示の規定は見い出しえないと溜池良夫は指摘している．

　日本では1952年4月19日に，民事甲438号法務府民事局長通達（平和条約の発効に伴う朝鮮人台湾人等に関する国籍および戸籍事務の処理について）が

出され，このなかで日本が朝鮮および台湾に対するすべての権利を放棄することに伴う国籍問題の指針が述べられている．それによれば，① 朝鮮および台湾は，条約の発効の日から日本国の領土から分離することとなるので，これに伴い，朝鮮人および台湾人は内地に在住している者を含めてすべて日本の国籍を喪失する．② もと朝鮮人または台湾人であった者でも，条約の発効前に内地人と結婚，養子縁組等の身分行為により内地の戸籍に入籍すべき事由の生じた者は内地人であって，条約発効後も何らかの手続きを要することなく，引き続き日本の国籍を保有する．③ もと内地人であった者でも，条約の発効前に朝鮮人または台湾人との婚姻，養子縁組等の身分行為により内地の戸籍から除籍せらるべき事由の生じた者は朝鮮人または台湾人であって，条約発効とともに日本の国籍を喪失する[38]．

しかし，国籍の変動がいつの時点であるかについては，サンフランシスコ平和条約発効の時点（1952年4月28日）と解する説と，日華平和条約発効の時点（1952年8月5日）と解する説があり，判例にも統一見解はみられない[39]．

一方，台湾では国民政府が，台湾に居住する台湾人は「受降典礼」が行われた1945年10月25日をもって中華民国の国籍を回復することとし，日本人妻に対しては，中華民国の国籍取得を条件に台湾での在留を認めた[40]．Fは，「終戦のあくる年に，みんなに身分証が出されましてね，それをもっていないと台湾にいられませんでしたから，身分証をもらうために中華民国の国籍を取りました」と語る．このときは二重国籍が黙認されていたという．

しかし前述の「民事甲438号法務府民事局長通達」により，平和条約発効前に台湾人のもとに「嫁入り」した日本人女性は，条約発効とともに日本の国籍を喪失することになった[41]．

平和条約発効以降に台湾人のもとに「嫁入り」した日本人女性に関しては，1950年に日本で国籍法が改正され，夫婦国籍同一主義を廃止して夫婦国籍独立主義を導入したことにより，日本国籍を保持し続けるか，中華民国に帰化するかの選択ができるようになった．次章で述べるアンケート調査の対象者のう

ち，平和条約発効から日台国交断絶（1972年）までに台湾人のもとに「嫁入り」した日本人女性10人中，日本国籍を保持している者は8人，中華民国に帰化した者は2人である．

ところが1972年以降は，日本人妻が中華民国に帰化することを希望しても帰化ができないことになる．日本政府は1972年の日中国交正常化以降，中華人民共和国の主張する「1つの中国」の原則を支持しているため，中華民国の国籍取得を目的にした日本国籍離脱の申請を受理しない一方，中華民国では帰化希望者は申請の際に「原国籍喪失証明書」を提出しなければならないため，1972年以降，日本人配偶者には帰化の道が与えられていなかった．(42) また，2000年2月から施行された「入出国及移民法」（1999年5月公布）により「永久居留権(43)」が取得できるようになるまでは，外国人配偶者は最長3年の居留資格（在留資格）を更新し続けなければならず，台湾人の夫と死別あるいは離婚ということになれば，台湾での居留資格を喪失し，国外退去を余儀なくされていた．(44)

永久居留権の取得が可能になったことに続き，2000年2月公布の「修正国籍法」では，「外国人で帰化を申請するものは，原有国籍喪失の証明を提出しなければならない．但し，本国法により原国籍の喪失ができない者はこの限りではない」とされ，この但し書きにより，「国籍喪失届不受理証明書」を日本の市区町村役場で発行してもらえば，日本国籍を保持したまま中華民国に帰化することも可能になった．(45)

外国人配偶者の就労に関しても，2002年1月に就業服務法（台湾人および外国人の就労に関する法律）が改正されるまでは，かなり制限されていた．就業服務法の改正前は，台湾人の配偶者であっても工作許可証（就労許可証）を取得するには，会社に雇用されることが決まってから，雇用主を通して申請しなければならなかった．しかし，その手続きが煩雑であることから雇用主の多くは申請を渋り，また厳しい資格規制により，外国人配偶者の就職は極めて困難であった．(46) ところが，2002年の就業服務法の改正により，台湾人の配偶者で

かつ居留を認められた者や永久居留権取得者などが工作許可証を個人で申請できるようになったのである．(47) さらに2003年5月には，就業服務法が再び改正され，外国人配偶者は工作許可証を取得する必要がなくなり，原則として自由に就労できるようになった．(48) これにより，外国人配偶者が台湾で不安なく居住できる法律が整えられたといえる．

一連の法改正についてSは次のように述べている．

　　永久居留権が取得できる以前は常に宙ぶらりんな気持ちでした．いったい私は根っこをどこに張ればいいのだろうという根無し草のような気持ちでしたし，年をとって主人に先立たれたときのことを考えると不安でした．永久居留権をとることができるようになって「住む権利」を手に入れた感じです．でもそれだけでは完璧ではなく，工作許可証を自由に申請できるようになり，さらに工作許可証なしで仕事ができるようになってようやく，この土地で「生きる権利」を得たという風に思えます．

5　考　察

　日台関係の変遷や台湾社会の変容に伴って日台結婚も変化してきた．日本の統治時代には日本人同士の結婚として台湾人男性と結婚した日本人女性たちであるが，戦後，台湾が中華民国に復帰したことにより国籍の変動が生じ，自分たちの意思とは関係なく国際結婚のカテゴリーに含まれることになった．戦後しばらくは，日本への里帰りはおろか，手紙のやり取りすら禁止され，夫だけを頼りに生活してきたのである．

　1970年代になると，台湾は工業化が進み，経済成長を遂げることになる．ところが，1972年の日台国交断絶により，日本人妻の帰化の道は閉ざされ，台湾人の夫と死別または離婚すれば国外退去を余儀なくされることになり，台湾で生活するうえでの不安が常に存在していた．

　1980年代に入ると，台湾の民主化が進展し，87年には戒厳令が解除された．

日本の大手デパートが台湾各地に進出したり，禁止されてはいるものの，日本のテレビ番組やビデオを見ることもできるようになった．続く1990年代には民主体制が確立され，日本のテレビ番組の放送禁止令の廃止に続いて，日本製映画，雑誌，キャラクターグッズなど日本のモノが大量に輸入されるようになった．日本人妻たちは，台湾に居ながら日本のさまざまな情報を入手することができるようになった．さらに，割高ではあるが日本の食材のほとんどを台湾で購入することができるようにもなった．このように，1980年代以降の台湾社会の変容に伴う日本人妻の生活の変化が見られるが，もっとも大きなこととして，通信技術の発達を挙げることができよう．80年代の電話やファクスの普及，90年代後半のインターネットの普及によって，日本の親きょうだいや友人と連絡を取りやすくなり，彼女たちにとって日本がより身近になってきている．

2000年には永久居留権が取得できるようになったことに続き，中華民国への帰化も可能になった．また，2003年からは外国人配偶者が自由に就労できるようになるなど，台湾で日本人妻が不安なく生活するための法律も整備されたのである．

現在，台湾には20代から80代の日本人妻が生活しており，結婚に至る経緯や生活の実態などに世代差がみられる．そこで次章において日台結婚の実態を世代別に考察する．

注
(1) 台湾人の夫をもつ日本人妻を中心とした，会員260名（2002年12月現在）のボランティアグループで，1998年に発足して以来，台湾の国際結婚家族の居留環境の改善を目的に，関連機関への陳情や，会員への情報提供を行っている．「居留問題を考える会」の活動については，第2章3(2)(c)「妻の職業」を参照されたい．
(2) アンケート調査の分析は第2～4章で行う．
(3) 高橋晋一『台湾——美麗島の人と暮らし再発見——』三修社，1997年，p.17

付表1-1　プロフィール

	年齢		結婚年数	台湾での居住年数	子ども	職業	
	夫	妻				夫	妻
A	50代	30代	10年目	12年目	2人	自営業	専業主婦
B	20代	30代	4年目	4年目	1人	自営業	専業主婦
C	30代	40代	14年目	14年目	2人	自営業	専業主婦
D	40代	30代	12年目	10年目	3人	自営業	短大教員
E	70代	50代	12年目	12年目	なし	歯科技工師	専業主婦
F	他界	80代	—	57年目	5人	他界（自営業）	専業主婦
G	30代	20代	5か月目	5か月目	なし	大学教員	アルバイト
H	他界	70代	—	45年目	なし	他界（大学教員）	企業の相談役
I	40代	40代	13年目	13年目	2人	会社員	専業主婦
J	70代	70代	51年目	48年目	3人	会社役員	専業主婦
K	20代	20代	3年目	5年目	妊娠中	会社員	アルバイト
L	50代	50代	31年目	12年目	なし	大学教員	専業主婦
M	60代	60代	38年目	33年目	3人	会社経営	専業主婦
N	30代	40代	15年目	15年目	1人	会社員	アルバイト
O	80代	60代	33年目	38年目	3人	退職（会社員）	専業主婦
P	30代	30代	8年目	14年目	1人	軍人	大学教員
Q	30代	30代	9年目	8年目	なし	会社員	専業主婦
R	40代	30代	8年目	15年目	1人	会社員	アルバイト
S	30代	30代	8年目	10年目	なし	会社員	アルバイト
T	40代	40代	19年目	19年目	3人	会社員	専業主婦
U	40代	40代	15年目	21年目	2人	自営業	アルバイト
V	30代	30代	12年目	12年目	3人	会社員	専業主婦
W	30代	30代	9年目	9年目	1人	会社員	アルバイト
X	80代	80代	54年目	48年目	なし	退職（大学教員）	専業主婦
Y	30代	30代	12年目	10年目	2人	会社員	専業主婦
Z	60代	50代	33年目	25年目	4人	退職（会社員）	アルバイト
AA	30代	30代	13年目	13年目	1人	自営業	翻訳業
AB	40代	40代	17年目	17年目	2人	自営業	自営業
AC	他界	70代	—	45年目	4人	他界（医師）	専業主婦
AD	30代	30代	7年目	7年目	2人	会社員	専業主婦
AE	他界	70代	—	56年目	5人	他界（医師）	専業主婦
AF	80代	80代	54年目	53年目	2人	退職（軍人）	専業主婦
AG	30代	30代	7年目	7年目	なし	会社員	専業主婦

注：妻のアルバイトは大半が日本語教師であり，このほかは，翻訳業，ライター，ラジオの日本語放送のパーソナリティーである．

第1章　日台関係の変遷と日台結婚の変容　35

（4）　台湾伝統社会では，他家の娘を幼少のときから養育し，後に嫁とする慣習があった．それには家庭の経済的要因が大きくかかわっている．娘を童養媳に出す側には，貧困や，子どもの数が多く養育上の困難があることから負担軽減を図る目的があり，童養媳を迎える側には，息子の結婚問題の早期解決，将来の結婚費用の節約，労働力の確保などの目的があった．洪郁如『近代台湾女性史』勁草書房，2001年，pp.210-211
　　　Sは，「知り合いの80代の日本人女性から『台湾に来たら主人には童養媳がいたんだけど，まだ結婚していなかったから，主人の実家がその女性を別の家に嫁に出した』という話を聞きました．別の家に出したならまだ良心的かもしれませんが，台湾妻と日本妻の両方をもっていた方もいるようです」と語る．
（5）　嗜好品で，ガムのように噛む檳榔樹の実．檳榔樹はヤシ科の常緑樹で，その実は3～5センチである．未熟の実を採集して繊維質の外皮をのぞき胚乳を縦に2つに割り，石灰をまぶしてキンマの葉で包んで噛むと爽快な気分になる．マレーシアやインドを中心として北は台湾，東はカロリン諸島西部，西はパキスタンに至るまで広く見られる（『世界大百科事典　24』平凡社，1998年，p.261）．かつては檳榔を噛むと病気にならない，虫歯にもならないと言われていたが，最近では癌になりやすい成分が含まれていることがわかり，檳榔を嗜好する者は減っている．
（6）　張士陽「歴史・地理・自然」若林正丈編『もっと知りたい台湾　第2版』弘文堂，1998年，p.19
（7）　若林正丈『東アジアの国家と社会2　台湾―分裂国家と民主化―』東京大学出版会，1992年，p.54．伊藤潔『台湾』中公新書（中央公論新社），1999年，pp.150-153
（8）　植野弘子「2・28事件」笠原政治・植野弘子編『アジア読本　台湾』河出書房新社，1995年，p.45
（9）　本間美穂，『海を越えたなでしこ』日僑通訊出版社，1999年，p.64
（10）　台東の東南に位置する小島で，かつて政治犯を収容する刑務所があった．
（11）　若林正丈は，「1949～50年前後に台湾に移住した外省人は約100万人であり，これは当時の台湾総人口の約7分の1にあたる」とし（若林正丈，「台湾をめぐるアイデンティティ・ポリティックスへの視覚―民主化，エスノポリティックス，国家・国民再編―」『Odysseus: 東京大学大学院総合文化研究科地域文化研究専攻紀要』第5号，2000年，p.71），伊藤潔は，「国民党政権とともに官吏や軍人，その一部の家族ら約150万人が台湾に移り住んだ」と述べている（伊藤潔，前掲書，p.188）．また，喜安幸夫は，「政府の移転と同時に大陸からおびただしい数の難民が台湾になだれこみ，その後のさみだれ的難民

も含め，総数は200万人にのぼる」と述べ（喜安幸夫『台湾の歴史―古代から李登輝体制まで―』原書房，1997年，p.162），史明は，「1949年から14年間に60万人の陸海空の軍人，200余万人の亡命者および避難民などが台湾に渡ってきた」としている（史明『台湾人四百年史―秘められた植民地解放の一断面―』新泉社，1994年，p.579）．
(12)　若林正丈，前掲書，p.107
(13)　伊藤潔，前掲書，p.181
(14)　1960年頃の推計によれば，特務機構の人員は少なくとも12万人で，当時の15〜64歳の人口の2.14％に達していた．また，1963年当時の推計では，「線民」を含んだ特務人員の総数は55万人で，当時の15〜64歳の人口の約8.9％にあたる．若林正丈，前掲書，pp.108-109
　　　1967年2月には国家安全会議が発足し，その執行機関として国家安全局が開設され，特務機構を再編するとともに，既存の警察機構を統括するようになった．喜安幸夫，前掲書，p.170
(15)　本間美穂，前掲書，p.27
(16)　断交は1972年9月29日であり，日本大使館の代理機関として交流協会が開設されたのは同年12月2日である．
(17)　瀬地山角『東アジアの家父長制』勁草書房，1996年，p.243
(18)　同上書，p.247
(19)　日本の国会議員に相当する．
(20)　邱淑雯「台湾における日本トレンディードラマの受容と変容」小倉充夫・加納弘勝編『国際社会6　東アジアと日本社会』東京大学出版会，2002年，p.120
(21)　日本語ソフトへの互換が可能なPCが台湾において出はじめるのが1995年頃であるが，この頃から，日本語環境で使用するために日本からノートパソコンを持参する日本人妻も増加する．さらに，98年頃には，ネットのグローバル化の進展と並行してソフトの開発が進み，同一PC上で日本語と中国語の併用が容易になった．
(22)　早田健文『台湾人の本心』東洋経済新報社，1998年，p.17
(23)　本調査対象の夫のなかには原住民は含まれていない．
(24)　高橋晋一，前掲書，p.13
(25)　樋口靖「国語と台湾語」笠原政治・植野弘子編，前掲書，p.29．高橋晋一，前掲書，p.43．早田健文，前掲書，p.19．台湾研究所編『台湾総覧2001年版』，p.217．若林正丈，前掲論文，p.84
(26)　北京語と台湾語は，英語とドイツ語ほどの差があり，客家語はそのほぼ中間にある．声調，すなわち音声ごとの高低や上げ下げの調子は，北京語が4声で

あるのに対し，客家語は6声，台湾語は8声である．台湾では台湾語は8声だとされているが，日本語で出版されている台湾語のテキストには，第1声から第8声まであるうち，第2声と第6声が同じであるため7声だとするものもある．王育徳『台湾語入門』日中出版，1986年，pp. 12-13．村上嘉英『エクスプレス台湾語』白水社，1995年，p. 10

(27) 若林正丈，前掲論文，p. 75．これに先立ち，1985年からは全住民に携帯が義務づけられている身分証に，「籍貫」のほかに「出身地」の欄が設けられていた．若林正丈，前掲書，p. 280

(28) 元来，客家の女性には纏足の習慣はなかった．

(29) 規範力の強い社会慣習で法として認められていた．

(30) しかしながら，『台湾人口動態統計』には，1920年から日本人と台湾人の結婚件数が記載されており，1920年代に，夫日本人・妻台湾人の結婚が32件，夫台湾人・妻日本人の結婚が56件行われている．

(31) 台湾人同士の結婚においては，台湾の慣習によることとした．實方正雄「共通法」末弘嚴太郎編『新法学全集27　国際法III』日本評論社，1938年，p. 23，p. 40

(32) 台湾人女性が「内地人」のもとに「嫁入り」する場合や，台湾人男性が「内地人」のもとに「婿入り」（入夫または婿養子）する場合，すなわち結婚により台湾の家を去り「内地」の家に入るべき場合は以下の通りであった．

「内地」で届出があった場合，「内地」の戸籍吏は台湾人を無籍者として「内地」の戸籍に入れる手続はしたが，台湾の戸口調査簿から除く手続には協力せず，戸口調査簿の記載はそのまま残ることになった．ただし，他日，戸口調査が実施されたときに訂正されることはあった．戸口調査簿とは，台湾の戸口規則に基づく警察の取締りを主な目的とするものであり，民法上の戸籍とは異なるものとされていたが，後に台湾に戸籍制度を布く際に戸口調査簿を戸籍簿として認めている．

台湾で届出があった場合は，「内地」ではこれをもって届出とは認めなかった．しかし，台湾の戸口主務（戸口調査簿の管掌者かつ警部補）が便宜を図り，「内地」の戸籍吏に宛てた届書にして送付してきたものがある場合には，「内地」ではじめてこれを受付けたことにして取り扱った．この場合，「内地」の戸籍吏は台湾の戸口主務に入籍の通知をする必要はなかったが，便宜を図って通知をしたときは，台湾で除戸の手続がなされた．通知がなければ戸口調査簿の記載はそのまま残ることになった．

「内地人」女性が台湾人のもとに「嫁入り」する場合や，「内地人」男性が台湾人のもとに「婿入り」する場合，すなわち結婚により「内地」の家を去り

台湾の家に入るべき場合は以下の通りであった.

　台湾で届出があった場合，台湾の戸口主務が便宜を図って「内地」にその通知をしても，それは戸籍吏に対する届出ではないという理由からこれを認めず，「内地人」の戸籍には何も記載されなかった.

　「内地」においては，「所在地届出」として届出ることができたが，台湾に戸籍制度がなかったため，台湾の家に入籍することができず，「内地」の戸籍から除く手続ができなかった．ただし，この場合，当事者の一方である「内地人」の戸籍の事項欄には「台湾人何某と婚姻の届出」があったことが記載された．また，戸籍吏が便宜を図って届書の一通を台湾に送付することもあったが，送付しないこともあった．関宏二郎「内台共婚問題の解決に就て(1)」『法曹会雑誌』1933 年，pp. 31 - 40. 関宏二郎「内台共婚問題の解決に就て（2・完）」『法曹会雑誌』1933 年，pp. 37 - 60

(33) 関宏二郎，同上論文（「内台共婚問題の解決に就て(1)」），p. 35

(34) 外務省条約局法規課編『日本統治下五十年の台湾（「外地法制誌」第 3 部の 3）』外務省条約局法規課，1964 年，pp. 77 - 79

(35) 「内地人」は戸籍法の適用を受け，「内地」に本籍を有するが，台湾人は「本島人ノ戸籍ニ関スル件」の適用を受け，台湾に戸籍を有するべきものとされ，截然と区別されていた（江川英文・山田鐐一・早田芳郎『国籍法』有斐閣，1997 年，pp. 194 - 195, p. 201）．そのため，台湾人のもとに「嫁入り」または「婿入り」した「内地人」は「内地」の戸籍から除かれ台湾の戸籍に入り，「内地人」のもとに「嫁入り」または「婿入り」した台湾人は台湾の戸籍から除かれ「内地」の戸籍に入った.

(36) 同上書，p. 206

(37) 溜池良夫「平和条約発効前に台湾人の養子となった内地人の国籍―大阪高等裁判所昭和 48 年 3 月 20 日決定をめぐって―」京都大学法学会『法学論叢』94 巻 5・6 号，1974 年，p. 6

(38) 江川英文・山田鐐一・早田芳郎，前掲書，pp. 212 - 213

(39) 山本敬三『国籍』三省堂，1979 年，p. 35. ただし，民事甲 438 号法務府民事局長達では，国籍変更の時点をサンフランシスコ平和条約発効時としている．江川英文・山田鐐一・早田芳郎，前掲書，p. 232

(40) 国民政府は在外台湾人に対しては，1946 年 6 月 22 日の行政院令で，「在外台僑国籍処理弁法」を発布し，1945 年 10 月 25 日にさかのぼり，中華民国の国籍を回復することとし，中華民国の国籍の回復を希望しないものは，在外中華民国会館または代表部に対し，1946 年 12 月 31 日までに申し出なければならないとした（入江啓四郎『日本講和条約の研究』板垣書店，1951 年，pp. 65

−66）．これは中華民国の国内立法上の措置であり，日本は平和条約の発効により日本国籍を喪失するものとし，国籍選択を認めなかったので，その点では「在外台僑国籍処理弁法」との整合性は図られていない（江川英文・山田鐐一・早田芳郎，前掲書，pp. 232 − 233）．
(41) 2(3)「蒋介石総統時代」で述べたように，中華民国の旅券で出国する際には，警備総司令部から「入出境証明」を受けなければならなかった．日本の統治時代に台湾人のもとに「嫁入り」し，1959年にはじめて里帰りしたFによれば，「日本の戸籍を消した証明がないと，出国許可がもらえなかった」とのことである．
(42) 本間美穂，前掲書，p. 30
(43) 日本の「永住権」と異なる点として，第1に，「永住権」には年間の滞在日数の規定がないが，台湾の「永久居留権」は台湾での滞在日数が年間183日以上必要で，これを満たさないと「永久居留権」を取り消される．ただし，正当な理由があればその限りではない．第2に，「永住権」をもつ外国人は日本での就労に制約はないが，台湾では2003年の就業服務法の改正までは，「永久居留権」を取得しても，仕事に就くためには工作許可証を取得しなければならなかったこと．第3に，日本の「永住権」の場合には，海外に出る際に再入国の許可が必要であるが，台湾の「永久居留権」の場合には，再入国の許可が不要であることなどが挙げられる．また，日本の「永住権」には更新の必要がないが，台湾の「永久居留権」の更新については明文化されていない．

「居留問題を考える会」によれば，「内政部警政署は，永久居留証の取得者に10年後に通知をし，再交付すると述べている．その時点で再度資格審査を行うのか，古くなった写真を取り替えるだけなのかについては現時点では明らかになっていない」とのことである．
(44) 外交部によれば，中華民国国籍を有する子どもが1人いる場合には，その子どもを依親居留の対象として居留証を取得できるが，子どもが複数いる場合には子どもの国籍に関係なく依親居留できない．居留問題を考える会「居留問題を考える会座談会資料」2002年10月19日，p. 1
(45) 居留問題を考える会「『修正国籍法』立法院三読通過のご報告及び活動近況状況報告」，2000年1月20日，p. 1
(46) 『日文生活雑誌 Sumika』2002年4月号，p. 12
(47) 詳しくは，第2章3(2)(c)「妻の職業」を参照されたい．
(48) 居留問題を考える会「就業服務法の一部改正公布」，2003年5月20日，p. 2

第2章　世代別にみる日台結婚の実態

前章では，日台関係の変遷および台湾社会の変容にともなう日台結婚や日本人妻の生活の変化を中心に考察したが，本章ではアンケート調査とインタビュー調査から，日台結婚カップルが結婚に至った経緯，生活の実態，夫婦を取り巻く社会環境を世代別に分析する．それにより，日台結婚の実態が世代によっていかに異なるのか，またそこにはいかなる社会的要因が存在しているのかを明らかにしたい．

1 調査の概要

アンケート調査は，台湾全土に会員をもつ「居留問題を考える会」[1]，台北「なでしこ会」，台中「桜会」，台南「南風」，高雄「ひまわり会」[2]の協力を得て，台湾に居住する夫台湾人・妻日本人のカップルを対象に2001年2月に郵送法で行ったものである[3]．調査対象302カップルのうち有効回収数は184カップル(60.9%)であった．

また，インタビュー調査は，前章と同様，台湾人の夫をもつ20代から80代の日本人妻33名を対象に2002年12月に台湾において実施した．調査対象のプロフィールは前章「付表1－1」に示した通りである．

2 分析の枠組み

日台結婚の実態を世代別に考察するにあたり，アンケート調査の対象者184カップルを台湾における主な出来事に基づいて，結婚した年から4つの世代に区分した．すなわち，① 日台国交断絶まで（1971年以前）（16カップル），② 国交断絶後から戒厳令解除まで（1972～86年）（14カップル），③ 戒厳令解除から台湾で初の総統直接選挙実施まで（1987～95年）（81カップル），④ 初の総統直接選挙実施以降（1996年以降）（73カップル）に分類し各世代の傾向をみたうえで，インタビュー調査からより詳細にわたる分析を行う．これらの区分を台湾の社会構造の変遷からみると[4]，① は政治優先の時期，② は経済成長期，

③は民主化進展の時期，④は民主体制確立期であり，「日本ブーム」の時期でもある．ケーブルテレビの合法化と，地上波テレビでの日本のテレビ番組の放送禁止令の廃止（1993年）とともに，日本の雑誌なども大量に輸入され，1990年代半ばから，若者を中心とした「日本ブーム」が起こっている．

3 調査結果

(1) 結婚に至った経緯

(a) 出会い

表2-1「知り合った国」が示すように，世代が若くなるほど「日本」が減少し，逆に「第三国」や「台湾」[5]が増加している．特に「第三国」（アメリカ，カナダ，オーストラリアなど）の増加が顕著であり，④1996年以降において[6]は「日本」を抜いて最多になっている．

表2-1　知り合った国　　　　　　（　）内実数

結婚した年	台湾	日本	第三国	計
① 1971年以前	6.3%（1）	81.3%（13）	12.5%（2）	100.0%（16）
② 1972〜86年	21.4%（3）	64.3%（9）	14.3%（2）	100.0%（14）
③ 1987〜95年	29.6%（24）	46.9%（38）	23.5%（19）	100.0%（81）
④ 1996年以降	27.4%（20）	35.6%（26）	37.0%（27）	100.0%（73）
全体	26.1%（48）	46.7%（86）	27.2%（50）	100.0%（184）

次に，どのように知り合ったのかを，表2-2「出会い」に示す．「職場」は世代差がほとんどみられず，「友人の紹介」も③1987〜95年に若干減少するが大きな変動はみられない．注目に値するのは，③以降の「学校」の増加であり，約3分の1を占めるに至っている．第三国の学校で知り合うケースの増加は，台湾人の留学先が日本から欧米に移行したことと，日本のバブル経済[7]期以降の日本人女性の海外留学の増加と関係がある．

「その他」は減少しているが，このカテゴリーにも世代差がみられ，①1971年以前は，第1章2「日台結婚からみる台湾社会の変遷」で述べたAFのよう

表2-2　出会い　　　　　　　　　　　　　　　（　）内実数

結婚した年	学校	職場	友人の紹介	旅先	その他	計
① 1971年以前	18.8% (3)	18.8% (3)	31.3% (5)	6.3% (1)	25.0% (4)	100.0% (16)
② 1972～86年	14.3% (2)	21.4% (3)	35.7% (5)	14.3% (2)	14.3% (2)	100.0% (14)
③ 1987～95年	30.9% (25)	21.0% (17)	28.4% (23)	4.9% (4)	14.8% (12)	100.0% (81)
④ 1996年以降	31.5% (23)	20.6% (15)	34.3% (25)	5.5% (4)	8.2% (6)	100.0% (73)
全　体	28.8% (53)	20.7% (38)	31.5% (58)	6.0% (11)	13.0% (24)	100.0% (184)

に，中国大陸で終戦を迎え，接収員であった夫と結婚したケース，後述するJのように妻の実家に夫が下宿していたケースが含まれ，②③④で「その他」に含まれるものは，主として「交流会」や「パーティー」である．

さらに，表2-3「知り合った当時の夫の職業」と表2-4「知り合った当時の妻の職業」から明らかなように，夫，妻とも若い世代の方が「学生」の割合が多い．しかし，① 1971年以前に結婚したカップルの圧倒的多数を占める日本で知り合ったカップルに限定してみると，13カップル中，夫が「学生」であったのが7ケース（53.8%），「常用雇用者」が6ケース（46.2%）である．

表2-3　知り合った当時の夫の職業　　　　　　　　（　）内実数

結婚した年	学生	常用雇用者	自営業	その他	計
① 1971年以前	43.8%（7）	50.0%（8）	6.3%（1）	―（0）	100.0%（16）
② 1972～86年	42.9%（6）	42.9%（6）	7.1%（1）	7.1%（1）	100.0%（14）
③ 1987～95年	50.6%（41）	32.1%（26）	9.9%（8）	7.4%（6）	100.0%（81）
④ 1996年以降	53.4%（39）	34.3%（25）	6.9%（5）	5.5%（4）	100.0%（73）
全　体	50.5%（93）	35.3%（65）	8.2%（15）	6.0%（11）	100.0%（184）

表2-4 知り合った当時の妻の職業　　　　（　）内実数

結婚した年	学生	常用雇用者	アルバイト	その他	計
① 1971年以前	25.0%（4）	56.3%（9）	6.3%（1）	12.5%（2）	100.0%（16）
② 1972～86年	35.7%（5）	42.9%（6）	7.1%（1）	14.3%（2）	100.0%（14）
③ 1987～95年	38.3%（31）	43.2%（35）	11.1%（9）	7.4%（6）	100.0%（81）
④ 1996年以降	48.0%（35）	37.0%（27）	8.2%（6）	6.9%（5）	100.0%（73）
全体	40.8%（75）	41.8%（77）	9.2%（17）	8.2%（15）	100.0%（184）

「常用雇用者」の割合は，夫，妻とも若い世代の方が少ないが，妻の場合には台湾での常用雇用者の増加が注目に値する．台湾で知り合い，② 1972～86年に結婚した3カップル中，結婚前から妻が台湾に居住していたのは1ケースで，留学生であったが，③ 1987～95年になると，結婚前から妻が台湾に居住していた傾向が強くあらわれはじめる．台湾で知り合い ③ 1987～95年に結婚した24カップル中，結婚前から妻が台湾に居住していたのは15ケース（62.5%）で，このうち妻が日本語教師であったのは7ケースで，学生が5ケース，会社員が2ケース，アルバイトが1ケースである．同じく台湾で知り合い ④ 1996年以降に結婚した20カップル中，結婚前から妻が台湾に居住していたのは17ケース（85.0%）で，その内訳は日本語教師が10ケース，学生が4ケース，会社員が2ケース，自営業が1ケースである．夫と知り合った当時，妻が台湾で日本語教師をしていたケースの増加の背景には，台湾における日本語学習者の増加にともなう日本語教師の需要増大がある．

以上のことから，① 1971年以前と ② 1972～86年では夫が日本に留学または仕事で滞在中に妻と知り合い結婚する傾向が強いことがわかる．

① の期間，1950年代に結婚したJは，「主人は18歳のときからうちで下宿をして学校に通っていました．私が主人とはじめて会ったのは15歳のときでしたから，お兄さんのような気持ちでしたし，母も男の子がいませんでしたから息子のようにかわいがっていました」という．同じく ① の期間，1960年代末に日本で夫と知り合い1970年に結婚したZは，「主人とは大学が同じでした．主人と同じアパートに住んでいた台湾人の留学生が台湾に帰ったときに，持ち

込んではいけないような政治的な資料を持ち込んだとして政治犯で捕まってしまいまして 15 年の刑になったんです．その友人と連絡を取ろうとしても，今度は主人が疑いをかけられますでしょ．それで，私が代わりに手紙を書いてあげるようになってから仲良くなっていきました」と語る．

③ 1987～95 年になると妻が仕事や留学で台湾に滞在中に夫と知り合い結婚するケースに加え，第三国に留学中に知り合い，結婚によって妻が台湾に移住するケースが増加し，第三国での出会いは ④ 1996 年以降にさらに増加している．

③ の期間，1980 年代後半にアメリカの大学院で夫と知り合った I は，「最初の日に学部長を含めて同じ専攻の人たちで食事をしたとき，主人が私を見てニコニコ笑っていたのを今でも覚えています．しばらくするとアジア人の仲良しグループができて，何かというと集まっていました．それぞれの国のことを話はじめたとき，主人がとても熱っぽく政治のことを語りはじめたんです．ちょうど台湾で民主化がはじまっていたときでした．日本人にはない熱情を主人に感じました」と語る．同じく ③ の期間，1990 年代初頭に結婚した A は，「私は短大在学中から専門学校で日本語教師になるための勉強をしていました．卒業するときに専門学校の校長先生から勧められて台湾の日本語学校で教えることになりました．その学校に主人が日本語を勉強に来て，知り合いました」という．

① 1971 年以前と ② 1972～86 年には，台湾人男性の国際移動によって日本人女性と知り合い，結婚するケースが多かったが，③ 1987～95 年と ④ 1996 年以降では日本人女性の台湾や欧米への国際移動が加わることによって，台湾や第三国で知り合うカップルが増加していることがわかる．

(b) 配偶者と知り合う以前からの台湾および日本への関心

「妻と知り合う以前から日本に関心があった」と回答した割合は，① 1971 年以前で 87.5%，② 1972～86 年で 92.9%，③ 1987～95 年で 85.2%，④

1996年以降で83.6%と，いずれの世代も高率であるが，② 1972〜86年以降，減少傾向を示している．これは，(a)「出会い」で考察したように，若い世代の方が日本で知り合った割合が低くなっていることと関係していると考えられる．また，①には日本語世代の夫が含まれており，彼らにとっては選択の余地のない「日本への関心」であり，戦後，国民党による教育を受けた世代の「日本への関心」とは異なることに留意する必要がある．

他方，「夫と知り合う以前から台湾に関心があった」と回答した割合は，① 1971年以前で18.8%，② 1972〜86年で22.2%，③ 1987〜95年で34.0%，④ 1996年以降で21.4%と，夫の日本への関心に比べてかなり低い．そのなかでも比較的台湾に関心をもっていたのは，台湾で知り合ったカップルの割合が他の世代よりも高い③1987〜95年に結婚した妻である．しかし，そのなかにはYのようなケースもある．

　　私は中国に対する興味から中国語をはじめましたので，大陸文化に対して親近感をもっていましたが，台湾に対する関心はほとんどありませんでした．日本語教師として中国に行きたかったのですが，天安門事件の直後ということもあって台湾に来ました．主人は根っからの台湾人で，中国に対する考え方が私と違っていました．でも，こちらに来て，日本語を話すお年寄りと会ってショックを受けました．日本の統治がどんなものであったのかをはじめて知りました．なのに主人の両親は，「内地人が嫁に来てくれた」と喜んでくれましたからね．そういう人たちとつき合っているうちに，日本の学校で習わなかったことを学ぶことができて，大陸に対する考え方が随分変わってきました．

(2) **生活の実態**

(a) **言語**

アンケート調査で，「週に3回以上日本語を話している」と答えたのは91.2%で圧倒的多数であり，世代による差異もほとんどみられなかった．

表2-5「夫婦の会話で使用する言語」から明らかなように,夫婦の会話は全体では,すべてまたはほとんど日本語が45.7%と半数近くを占め,これに,すべてまたはほとんど北京語(または台湾語)が29.3%で続いている.しかし,これを世代別にみると,若い世代ほど日本語を使用する割合が減り,① 1971年以前の3分の2強から④ 1996年以降では3分の1強になっている.逆に「その他」は増加しており,夫婦が結婚後も知り合った国の言語で会話をする傾向がうかがえる.知り合った国の言語は,多くの夫婦にとって知り合った当時の共通語でもある.その言語で語り合い,ふたりの関係を育んできたため,結婚後も夫婦の会話でごく自然に使われているようである.

表2-5 夫婦の会話で使用する言語　　　　　　　( )内実数

結婚した年	すべてまたはほとんど北京語(または台湾語)	すべてまたはほとんど日本語	混合(注)	その他	計
① 1971年以前	25.0% (4)	68.8% (11)	― (0)	6.3% (1)	100.0% (16)
② 1972～86年	28.6% (4)	57.1% (8)	― (0)	14.3% (2)	100.0% (14)
③ 1987～95年	27.2% (22)	48.2% (39)	11.1% (9)	13.6% (11)	100.0% (81)
④ 1996年以降	32.9% (24)	35.6% (26)	8.2% (6)	23.3% (17)	100.0% (73)
全体	29.3% (54)	45.7% (84)	8.2% (15)	16.8% (31)	100.0% (184)

注:混合とは,日本語と北京語(または台湾語),日本語とその他,北京語(または台湾語)とその他など,2つ以上の言語を使用している場合をいう。

　夫婦の会話が北京語(または台湾語)でなくとも,日本人妻たちの多くは台湾に移住後に語学学校に通うなどして言語の習得に努め,台湾での居住年数が長くなるに従って,北京語(または台湾語)を話せない割合が減っている.
　インタビューを行った日本人妻たちの大半が,世代に関係なく,子どもは日本語を話すことができる,または理解できると語っている.しかし,夫婦の会話で日本語を使用する割合が若い世代ほど少なくなっているうえ,子どもを台湾の公立学校に通わせながら日本語を習得させるのは容易ではない.現在,子育て期にある妻たちに日本語教育の現状をたずねた.

Aは次のように話す．

　私はなるべく意識して日本語で話すよう心がけています．主人と子どもは北京語で話しています．でも，学校から帰って来たばかりですと頭のなかが北京語らしく，きょうだいでずっと北京語で話をしています．そういうときは，「ママにもわかりやすく日本語で話して」と頼みます（Aは北京語を流暢に話すことができる）．また，日本から毎月学習雑誌(8)を取り寄せ，日本語の読み書きもやらせています．日本の伝統的行事などは学習雑誌などで紹介されているので，それを見たり，雛人形や鯉のぼりなどは実家から送ってもらって，家で飾ったりしています．大晦日にはおそば，お正月にはお雑煮なども作っています．日本の風習や文化などは口で説明しても子どもにはわかりにくいと思いますが，私の子どもの頃の経験などを聞かせたりして楽しんでいます．

またCは以下のように語る．

　子どもは台湾の学校へ行ってますのでどうしても中国語（北京語）が混じることがありますが，家族4人で話すときは私にあわせて大阪弁をしゃべります．夫と子どもが話しているのは中国語が主になってきました．幼稚園くらいまでは夫も日本語で子どもたちと話していましたが，最近は8対2くらいの割合で中国語が多いです．子ども同士はまったくの中国語です．でも不思議と夏休みなど2か月ほど日本に帰省すると夫と子どもの会話も日本語に変わります．子ども同士も自然と日本語に変わるようです．

　子どもたちが小さい頃には雛祭りにはお雛様を飾り，ケーキなんか作って，歌を歌ったりしましたが，今ではお雛様を飾るのが精一杯で，それも端午の節句くらいまで飾りっぱなしってこともよくあります．日常生活で忘れがちなのですが，思い出すと「さてきょうははなんの日でしょう」と問いかけるようにはしています．日本の文化についてできるだけ知っておいてもらいたいと思って頑張ってはいますが難しいですね．台湾のことで

精一杯で，日本の文化はどうしても後回しになってしまいます．

夏休みを利用して帰省し，日本の小学校に子どもを通わせているという話はインタビュー調査でもかなり聞かれた．台湾の小学校は7月1日から夏休みに入るため，それと同時に，または授業自体が終了する6月末から母親と子どもが日本の実家に帰り，3週間近く地元の公立小学校に子どもを「体験入学」させる．「体験入学」の子どもには学籍はないが，基本的にはほかの生徒と同様の扱いとなる．短期間ではあれ，毎年日本の小学校に入れることで友だちができて日本語も上達するという．これは経済的余裕と夫および日本の実家の理解がなければできないことであるが，この方法をとっている家庭は多い．

子どもを台湾の公立学校に通わせ，台湾人として国語（北京語）や台湾の文化を学ばせながら，日本人として日本語や日本の文化を習得させるためには，日本人である母親の努力および台湾人である父親の協力が不可欠となる．子どもたちにダブルの教育を受けさせたいと，母親たちのボランティアによる日本語教室が台北，台南，台中で発足した．その先陣を切ったのが2000年1月に発足した台北日本語補習班である．発起人のAAは次のように語る．

子どもが生まれたときから日本語教育の必要性を感じていました．家では北京語を話しますので，私と話すときしか子どもは日本語に触れることがありません．子どもが大きくなったときに，台湾に住むのか日本に住むのかを選択できるように，親としてできるだけのことはしておいてやりたいと思いました．[9]

子どもを台湾の学校に通わせながら日本語を学ばせるためには，日本語の家庭教師をつけるか，日本の通信教育を受けさせるか2つの方法しかありません．日本語の家庭教師をつけると，月に1～2万元（約3万5,000～7万円）[10]かかりますし，通信教育をはじめても長続きさせるのは難しいです．2つともうちには無理だと思って，インターネットで各国の補習授業校を調べました．補習授業校は日本に帰国する意思がある者，つまり駐

在員の子どもが対象で，国際結婚をした者の子どもは対象外になっています．それで，何とか自分たちの手でできないものかと思い，「なでしこ会」で希望者を募ったら約20人が集まりました．その後増え続け，現在は約40人が勉強しています．

　子どもを日本語補習班に入れる条件は2つです．1つは，親の一方が学校の運営に協力できること，もう1つは，子どもが日本語の教科書についていけることです．それ以外は枠をつくらないようにしています．毎週土曜日に授業があり，幼稚園から中学1年までの子どもたちが勉強しています．教えるのはボランティアの母親たち6人です．素人ですので，最初は指導要綱もなく，教え方を試行錯誤していました．現在は文部科学省の国際教育課から海外の補習授業のための指導計画作成資料を送っていただいて，それに沿って授業をしています．

　一番大変だったのは教室の確保で，休み時間に子どもたちが騒ぐから追い出されたりして転々とし，ようやく現在のところに落ち着きました．同じ日台カップルの方で，ご主人の法律事務所の会議室4部屋を無料で貸していただいています．

　多くのハードルがありますが，将来は補習授業校に格上げして文部科学省支援対象校にすることが目標です[11]．

　台北日本語補習班に続いたのが台南日本語教室であり，2001年3月に発足した．その発起人であるPは，次のように話す．

　子どもは現在6歳で，日本では来年から小学校1年生です．我が家では中国語を使っていますので，日本語の家庭学習の限界は，子供の語彙力が増える3歳頃から感じていました．子どもには生まれたときから日本語で語りかけていたのですが，幼稚園の年少の1つ前のクラスに通い始めた頃から，急にことばが中国語になってきたので，母子間以外にも日本語環境を子どもに与える必要を痛切に感じました．最初，日本語で乳幼児教育を

されているお友だちのところに週1回，2か月間ほど子どもを通わせ，日本語環境を与えました．それと同時に，通信教育による日本語教材での家庭学習もはじめました．そして，ちょうどその頃に台北日本語補習班が設立されたという話を知ったのです．

是非台南でもと思い，まず，お子さんの日本語教育に成功されており，小学校教師の経験もある日本人妻 α に相談をしました．その頃，子育ても一段落し，新しいことにチャレンジしたいと思っておられた彼女の協力はすぐに得られ，「自分たちの子どもたちだけでも」という思いではじめました．

教室は α の家の隣りにあるご主人の実家の3，4階が空いているということで，すぐに確保できました．無料で貸していただいています．ご主人とご実家の全面的なご協力のお陰です．

台南日本語教室には，幼稚園から小学校6年までの20名の子どもが通っていて，母親たちのボランティア教師が4名，お手伝いが2名です．父親が台湾人で母親が日本人の子どもたちだけではなく，父親が日本人，母親が台湾人の子どもも3人います．クラス分けは原則として学齢によりますが，本人の日本語学習歴により学年を上げたり下げたりしています．教科書は，幼稚園は公文のひらがなワーク，小学校は東京書籍の「国語」教科書を使っています．

授業は週1回，1時間半で，1～2月と7～8月は休みですが，休み期間も希望者を集めて，授業形式ではない，何かしら日本語に関した作業や遊びをしていこうかと模索中です．

さらに2002年11月には，台中日本語補習クラスが発足した．発起人のDは次のように語る．

長男が小学校2年生になった頃でしょうか（約3年前），日増しに日本語を話す量が減ってきました．読み書きに関しては，その1年間進歩がみ

られないと感じました．「日本語が危ない．何か手を打たないと」と思ったのはその頃でした．子どもが大きくなったときに，私と日本語でコミュニケーションがとれなくなるかもしれないという不安がありました．

　長男は，下の子どもが産まれたとき，日本で3～4か月幼稚園に入った経験があります．そのころの彼の日本語のボキャブラリーは，同年代の日本のお子さんとまったく変わりませんでした．でも現在は，1日の大半を学校で過ごし，帰宅後も宿題や塾で中国語を使うわけで，「外では中国語，家では日本語」という理想通りにはなかなかいきません．きょうだいでの会話はすべて中国語です．私との会話も日本語と中国語の半々ぐらいになってしまいました．

　そんなとき，台北日本語補習班と台南日本語教室が設立され，このことが「居留問題を考える会」座談会で話題の1つに上がりました．一番大変なのは教室の確保であるという話も出ました．台北，台南の経験から，誰かの家というのはなかなか難しいという話でした．勉強するという緊張感が育ちにくいし，場所を提供してくださる家庭の負担が大きいからです．「居留問題を考える会」の大成権会長がそういう話から，その日の講演者である台中日本人学校の校長先生にうまく話をふってくださって，「学校を使わせていただければ一番良いのですが……」とおうかがいを立ててくださいました．お陰で，校長先生の独断，即答でO. K. が出ました．無料で教室（図工教室）を貸していただいていますが，先生や教材に関してはノータッチという約束です．

　台中日本語補習クラスでは，幼稚園から小学校3年生までの21人の子どもたちが勉強していて，ボランティアは私ともう1人の女性です．「あいうえお」からカルタ取り，本読みなどを通して日本語に触れさせ，これからは日本の地理や歴史，文化も少しずつ勉強させていきたいと考えています．

台湾の公立学校に子どもたちを通わせ，国語や台湾文化を学ばせながら，日本語や日本文化も学ばせたいという日本人妻たちの願いが，台北日本語補習班，台南日本語教室，台中日本語補習クラスとして実現した．

　台湾や第三国で夫と知り合った割合が過半数に達した ③ 1987〜95年以降は，日本人女性が留学や仕事で海外に出かけることが多くなった時期でもある．海外に活躍の場を広げた彼女たちが母親になった今，子どもたちにダブルの教育を受けさせるために，既存の教育に頼るのではなく，多くの障害を乗り越えながら自分たちの手づくりの教室をつくったことは意義深い．子どもたちが母親とだけでなく，日本の祖父母とも日本語でコミュニケーションをとれることを母親たちが願っているのはもちろんであるが，台湾が高学歴志向で非常に教育熱心な社会であることと，英語同様日本語がビジネスに直結するため，世界的にみても高等教育機関における日本語教育が盛んであるという社会的な背景も見落としてはならないであろう．

(b) **食生活**

　アンケート調査の結果，週に3回以上日本食を食べている割合は，妻が48.1%，夫が36.8%であり，世代別でもほとんど差がみられない．その背景には，台湾では日本の食材を購入しやすいことと，都市部には，懐石料理から寿司，うなぎ，焼き鳥まで各種の日本食レストランがあることが挙げられる．

　都市部に居住するAは，「以前は日系のデパートに行って仕入れていましたが，最近では一般のスーパーでも，ある程度の食材が手に入るようになったので，近所のスーパーで済ませています」と語り，Cは，「私が台湾に来た1980年代には，マヨネーズなどの調味料を日本に帰省したときにもち帰っていましたが，今は日系のデパートもたくさんあり，ちょっとしたスーパーでも手に入ります．でも，全体的に種類が少ないので購入する際にメーカーなどの選択の余地がないし，価格も高いし，賞味期限も気になります」という．

　ところが，地方に居住している場合には状況が異なる．台北から電車で約2

時間かかる所に居住しているOと台北で面会したとき,「台北に来ると,納豆が買えるから嬉しいの」と言い,買い物リストを見せてくれた.そこには,「納豆,豆餅,柿の種,即席料理の素,あらびきソーセージ,ごまだれ,カマンベールチーズ」と書かれていた.Oは「私の住んでいるところは田舎で生活が地味なんです.輸入品は高くて売れないから少ないし,日本食を食べる機会はほとんどありません.でも,日本で人間ドックに入ったときに,油を控えるように言われましてね.こちらのお料理は油をたくさん使いますでしょ.できる限り油をとるのを控えるようにはしています.主人も黙って食べていますけど,『油分が少ないと力が抜ける』って言って,時々発作的にビフテキを買ってきたりします」と語る.

しかしながら,終戦直後に台湾に渡った日本人妻たちのなかは,醤油を手にいれるだけでも苦労したXのような女性もいる.

  台湾に来てすぐの頃は,基隆(キールン)の港に醤油などを買いに行ったことがあります.船員たちが売ってくれるのよ.
  戦争を経験して生き残った者にとって,生きていることが幸せです.だから食べ物の好き嫌いはやめようと思いました.台湾の人たちと同じものを食べようと思いました.台湾の人が生きていけるなら私も生きていけるってね.それでも13年ぶりに日本に帰ったときには,味噌,漬物,塩鮭などを買い込んでこっちに戻って来ました.

AFは以下のように話す.

  こっちに来た当時は,日本語使っちゃいけないし,日本の食べ物も食べられない.つわりのときには全然こっちの食べ物が喉を通らなくてね,梅干が食べたかったわ.今はね,日系のデパートができて,値段は2倍3倍するけど,日本のものは何でも手に入るでしょ.助かるわ.主人は日本食を食べることは食べても,気に入らなきゃ,一口二口で終わってしまいま

す．私はたまにはお味噌汁も食べたいでしょ．でも主人は食べないから，

　　私ひとりで食べてます．1回お味噌汁を作ると3日ぐらいありますけどね．

　台湾では外食をする家庭が多い．台湾チェーン加盟協会などが実施した調査によれば，外食の割合は，朝食が81.1%，昼食が84.8%，夕食が64.6%である．共働きが増え，子どもも学校や塾で家にいないため，家庭の台所が使われる機会が減ってきている．(12) 家事労働を家族に対する愛情と切り離して考えているのである．しかしながら，日本人妻たちは食事を自分で作ることが多い．それは(c)「妻の職業」で述べるように，日本人妻に専業主婦が多いというだけではない．日本の母親から受け継いだ習慣として彼女たちが実践しているのである．

(c) 妻の職業

　アンケート調査の対象者184カップルのうち，妻が専業主婦であるのは63.6%と過半数を占めている．アンケート調査は2001年2月に実施しており，2002年1月に就業服務法が改正される以前のものである．改正前は台湾人の配偶者であっても工作許可証（就労許可証）を取得するには，会社に雇用されることが決まってから，雇用主を通して申請しなければならなかった．しかし，その手続きが煩雑であることから雇用主の多くは申請を渋り，また厳しい資格規制により，外国人配偶者の就職は極めて困難であった．(13)

　ところが，2002年1月に台湾人の配偶者でかつ居留を認められた者や永久居留権取得者などが工作許可証を個人で申請できるようになってからは，日本語教室など習い事の教室を開いたり，店を開くなど自分で事業を興す日本人妻が増加している．(14) さらに，2003年4月には就業服務法が再び改正され，外国人配偶者は工作許可証の申請が不要となり，原則として自由に就労できるようになった．

　台湾では，労働市場の拡大や高学歴化にともない女性の職場進出が増大し，

高学歴層の女子労働力率は8割前後という高さである．8割といえば，出産や病気などの理由で休んでいる人を除けばみんな働いているという状態に近い．また，日本では25～34歳の年齢層でM字の底を形成するが，台湾ではほとんど労働力率が下がらない．(15) このように女性が結婚後も仕事を続けることが当然視されている台湾で，専業主婦であることはどのようなことを意味するのであろうか．2002年の就業服務法の改正前にAGは，「日本の女性は働かず，夫のお金を使うだけという目でみられます．工作許可証の問題なんて一般の台湾人はわかりませんから」と語り，Qは「合法的に就労するのが非常に難しいため，『何にもできない』というレッテルを貼られることがあります」と語っていた．しかし，改正後，日本人妻たちに就業の機会や選択肢が広がっている．その1つである，2002年9月にオープンした中国文化サロン蘭舎を訪ねてABにインタビューを行った．

　10年来の友だち（日本人妻）数人で，以前から「子どもが大きくなったら何かしたいね」と話していました．何人かいた仲間のうち，この時期に決心のついた4人ではじめたのが中国文化サロンです．

　言葉の問題や40歳を過ぎているという年齢的な問題もあり，雇用される立場での就業機会は非常に少ないのが現実です．ですから，自分で自分に雇用の場を与えるという発想で仕事をはじめました．外国で外国人として暮らしていると，いろいろな意味で立場が弱いのです．それに加えて，経済的にも夫にしか頼れない状況にいると，精神的にも弱くなってしまうような気がしていました．

　じゃあ，自分たちで何ができるのかということになるのですが，台湾人相手にビジネスをするほどの度胸はありませんでした．そこで，日本人である自分たちが欲しているものを同じ日本人に提供するのはどうかということになりました．以前，日本に帰るときにもって行くおしゃれなお土産はないかなと考えたこともありましたし，リーズナブルな月謝でお稽古事ができないかなって思ったこともありました．そんな自分たちのニーズの

なかからこのサロンを考え出したんです．見切り発車的にはじめた部分もありますので，いざはじめてからが大変でした．幸い店舗は主人の親戚から借りているので，経営が軌道に乗るまでは家賃は相場より安めに設定してもらっています．

　中国茶芸の教室を週に6クラスとアジアンスイーツ・中国茶の教室を週に2クラス開いています．1クラス6〜10人の生徒さんが通っていますが，そのほとんどが駐在員の奥様です．サロンに置いている小物や家具は，台湾各地で自分たちで仕入れをしたり，アパレル関係の仕事をしている主人の紹介で上海から送ってもらったりしています．このサロンは4階にあるので，フリーのお客さんが来ないから女性ばかりでも安心ですが，その反面，限られたコミュニティだけを対象にしているわけですから，商品の売れ行きなど心配な面もあります．

　主人の家族は自営業ですので，もともと「家にいていいのは病人か老人」だと思っている人たちです．ですから働かないことよりも働くことに理解があります．その点では非常に助かっています．いずれにしても就労が合法的に認められなければ私たちもこのようなことができなかったわけです．台湾に外国人が増えはじめた1990年頃から外国人の就労が厳しくなりましたからね．大成権さんをはじめとした「居留問題を考える会」の地道な努力のお陰です．

　「大成権さんのお陰」だとABだけでなく多くの日本人妻が語る大成権真弓氏とは，台湾の「居留問題を考える会」会長として，日本人妻たちからの人望が厚い女性である．大成権氏は日本で法学修士の学位を取得後，アメリカの某大手企業が日本進出する際のプロジェクトチームの法務担当として活躍した．その後アメリカのロースクールに留学し，クラスメートの夫と結婚した．彼女は自らの法的知識を生かし，また台湾の法律を精力的に勉強し，「居留問題を考える会」の勉強会を台湾各地で定期的に開いている．才媛であるとともにそ

の人柄ゆえに，大成権氏のもとには連日多くの日本人妻から法律相談や人生相談が寄せられている．「居留問題を考える会」の活動以外に大成権氏は，小学校でボランティアとして日本文化の普及に努めている．日本語学習者が多い台湾であるが，日本という国や文化について学ぶ場がほとんどないことから，日本についての理解を深めてもらいたいという活動である．

「居留問題を考える会」とは，台湾人の夫をもつ日本人妻を中心とした，台湾全土に260名（2002年12月現在）の会員をもつボランティアグループである．1998年1月に会が発足して以来，台湾に居住する外国人，特に外国人配偶者やその子どもの居留環境の改善を目的に関連機関への陳情や，会員への情報提供を行っている[16]．代表的な活動の成果をあげると，まず，1999年5月の「入出国及移民法」の公布に際しては，早期法制化のために，署名陳情活動をはじめ，公聴会への参加，立法院への請願書提出[17]，各立法委員会への建議書提出などの活動を行い，その結果，台湾ではじめて外国人の永久居留権が認められることになったのである．さらに2000年2月に公布された「修正国籍法」では従来の父系血統主義が廃止され，父母両系血統主義が採用されたほか，外国人配偶者の中華民国への帰化の道も開かれた[18]．これらに続いて上記のように就業服務法が改正された．一連の法改正は，「居留問題を考える会」や関連諸団体の尽力，および議員や支援者たちの協力の賜物であるとともに，台湾の民主化にともなう政府の姿勢の変化によるところも大きい．

また，「居留問題を考える会」は，1999年9月の台湾大地震の際に，被災者に義援金を送付したり，通訳ボランティアとして参加したほか，2001年1月には台北市政府警察局作成の「外国人服務手冊（外国人ハンドブック）[19]」の日本語版を，2002年11月には高雄市政府警察局作成の「外国人服務手冊」の日本語版をボランティアで翻訳するなど，幅広い活動を行っている．

(3) 社会環境
(a) 夫方親族との関係

アンケート調査で,「夫方親族とのつき合いに関することで夫婦の間に問題が生じることがある」と回答した妻は47.8％である．これを世代別にみると，① 1971年以前で12.5％, ② 1972～86年で35.7％, ③ 1987～95年で54.3％, ④ 1996年以降で50.7％となっており, ③ 1987～95年以降において高率であることがわかる．① 1971年以前や② 1972～86年に結婚した妻は, 既に夫の両親が他界している可能性が高いことと, 台湾での居住年数が長く, 夫方親族とのつき合いにも慣れていることに加え, 彼女たちは夫の親に尽くすという意識が強かった世代でもあり, 夫方親族とのつき合いに関することで夫婦の間に問題が生じることが若い世代よりも少ないと解釈できる．近年, 核家族化は進行しているが, 大家族規範は根強く存在しているため, その狭間で妻たちに葛藤が生じている．

「主人の親族との問題を抜きにして台湾の国際結婚は語れない」と多くの日本人妻はいう．Vは「(夫の) 両親は, 私が同じアジア人だから台湾人と似ていると思っていて, 台湾人のように振る舞うことを期待します」と語り, Tは「日本のお嫁さんは一生懸命やらなきゃという意識が強いから頑張っちゃって, 義母からどんどん要求される」ともいう．

台湾において「孝順」という儒教道徳が根強く存在しており, 親孝行をし, 親の意に逆らわないことは美徳として高く評価されている．しかし, そのことが原因で夫婦の間に問題が生じることがある．Cは次のように語る．

> 夫は血縁関係, 特に親きょうだいに対して, 私の考える以上に大切にというか, 親しくというか, 強いつながりを感じているようです．私も決してお互いの血縁関係を粗末に思うつもりはなく, むしろ結婚した今でもつき合いは強い方だと思っていますが, やはり結婚し, 家庭を持つと夫と2人の子供の4人での生活が大切になるのは当然だと思っています．夫の場合は4人の生活と同じくらい, 時にはそれ以上に, 親戚関係を大事にする

ように思います．それが私の不満でもあります．

　夫が日本に留学中に友人の紹介で知り合ったADは，夫が帰国する2か月前から交際をはじめ，帰国後5年間の交際を経て結婚した．その間，夫が日本を訪れたり，年に1回はADが台湾を訪れたりしていた．

　　旅行でしたから，いい所ばかり見て，おいしいものばかり食べて．主人の両親も，私は遠くから来た「お客さん」ですから大事にしてくれました．台湾の嫁の立場がどんなものなのかなんで全然わからないまま結婚しました．

　　結婚してからしばらくは家族のことで鬱に入ってました．結婚して2～3か月は新居のリフォームもあって両親と同居していました．長男だしね，お母さんへの愛情はもう，夫婦の愛情を飛び越しているんです．父もいるんですけど，母の方が大切のようです．新婚当時，言葉もわからないし，頼るのは主人しかいないのに，主人はお母さんオンリー．私が描いていた新婚生活とはかけ離れていました．「お帰りなさい」と私が玄関で主人を出迎えても，それを通り越して奥の部屋にいるママのところに行ってまず挨拶をする．車で3人で出かけると，主人は車から降りてドアをあけてママをまず出して，手を引いて連れて行く．私はつわりで気持ちが悪いのに1人で車から降りて歩くといった具合でした．最初は主人に狂ったように言いました．主人は私を説得しましたよ．私を大事に思っているって．でもママという存在は別なんだそうです．主人に，「どうして，どうして」ってよく喧嘩をしました．私も息子が大きくなったらそうしてもらえるのかなって思うけど，お嫁さんがかわいそうですよね．

　　今は親と別居して，週に2～3回会うぐらいでいいですから楽になりました．子どもが生まれて私の意識が子どもに移ったというのもありますね．今は言葉もある程度わかるし，車も運転できるようになりましたし．

　　でも，子どもができたらできたで，（義母が）子育てにいちいち口出しし

てきます．たとえば，私は子どもを薄着で強く育てたいのに，母は風邪をひかせちゃいけないからと言って，たいして寒くもないのにとにかく厚着させようとするんです．今は別居だからまだいい方だとは思いますけどね．それをかわしながらやっていかないと．お母さんの世代とは考え方も違いますから．

　ものすごいお金持ちは別として，ここでは年老いた親を子どもたちが面倒みなくちゃいけないでしょ．それはそれで大変ですよ．父は来年退職ですから，来年から両親をサポートしなきゃいけないので，祖父からもらった家を売って小さいマンションに移り，そのお金で両親を援助します．私も，子どもがもう少し大きくなったら働きに出るつもりです．家まで売って両親を援助するご家庭は少ないでしょうけどね．

また，次男と結婚して両親と別居しているＳは次のように語る．

　主人の親族との問題は中華系社会では逃れられない問題です．大きな夫婦喧嘩の原因はいつも主人の実家と大きくかかわっています．主人は，「自分が大きくなったら父さん母さんを楽にさせたいと思っていたから，お金をあげるのは当たり前だ」というので，「それは余裕があればの話でしょ．うちは家のローンを抱え，私の実家からも家を買う際にお金を借りている．そういう分際であなたの両親を養うだけの余裕はない」と言いました．すると台湾人がよく使う言葉なのですが「なんとか生活できればそれでいいじゃないか」と言うのです．

　日本で彼のような家の人と結婚するかと聞かれたら，絶対にしなかったでしょう．やはりバックが見えなかったのが大きな理由です．ただ，それが彼の人柄本位ということで，当たりと出るか，はずれと出るかは非常に難しいところですよね．

社会の変容にともない伝統的大家族が減少して核家族化が進行しているが，

人々の意識のなかに大家族規範が強く生きており，家族における高齢者の権威と地位が維持されている．

　老親扶養は，経済的援助，情緒的援助，身辺介護が重要な側面をなす．[21] まず経済的援助という点からみると，退職後も生活の保障があった公務員以外は，親族間の相互扶助によって社会保障の一部が代替されてきた．2002年6月1日からは65歳以上を対象に「老人年金」が支給されるようになり，社会保障制度が整備されつつあるが，年金の支給額が少ないため，年金だけに頼って生活することは不可能である．情緒的援助は子どもたちによる「孝順」に代表され，親との同居，または親と別居している場合には，敬意を表する意味で頻繁に訪問することなどによって実現している．身辺介護に関しては，共働きが一般的な台湾において，その担い手が嫁や妻といった女性家族員からフィリピン人やインドネシア人の家政婦へと移行している．台湾において身辺介護は家族機能から失われつつある．

　ADやSのように，成人した子どもが老親を援助するだけではない．夫の親から家を買ってもらったというケースも散見される．Uは義父が買ってくれた家に移るまでの8年間を伝統的大家族のなかで生活した．

　　うちは自営業ですので，5階建ての家の1階が店舗で2階に台所と両親の部屋，3階が長男一家，4階が次男一家，三男である私たち一家は5階で暮らしていました．隣の家には結婚した姉一家が住んでいて，毎日3食，19人が全員そろって食事をしていました．食事のしたくと片づけはお嫁さんたち3人が1週間ずつ交代で担当していました．一家の経済はお父さんが握っていて，食事の買い出しはお母さん．この食材なら料理はこれって決まっているんです．

　　最初の頃は，食事の当番になるといつもビクビクしていました．一番難しかったのはお父さん．おいしくないと，バーンとテーブルを叩いて怒るんです．でも，おいしいものを作ると男の人たちが全部食べちゃって，女の人たちの食べる分がなくなりますから，適当に残してもらえるものを作

らなきゃならなかった．

　食事はまず，男の人たちが先に食べて，後でお母さんが食べていいと言ってから女の人たちが食べはじめます．女の人たちの分を先に取っておくのじゃなくて，大皿料理だから，残ったものしか食べられません．反対に，たくさん残ってしまうと残ったものを全部，女の人たちが食べなきゃいけないから，これも困りました．食べ物を残すことは許されなかったから．全然食べられない日もあれば，食べ過ぎる日もあったりで，胃を壊しましたよ．

　食事の当番の週は外出もできませんでした．だって，1食に10種類の料理を作らなきゃいけないんですから．旧正月や祖先を祭る行事のときに食事当番になると，もう大変．1食に20種類近くの料理をひとりで作るんですから．毎年，新しいカレンダーが来ると，まず，食事の当番が旧正月や行事の日に当たっていないかどうか確かめていました．旧正月に当番が回ってきたら，寝る時間はないですからね．

　同居だったから，友だちも気がねしてうちに遊びに来ませんでした．1階ずつ挨拶しながら5階まで上がって来なきゃいけないでしょ．階段の上り下りの足音が全部聞こえますからね．最初の頃は，外出だってしづらかったですよ．子どもができてからは，子どもを口実にして外出するようになりました．

　そんな生活を8年続けて，子どもたちが大きくなって家が手狭になったという理由で，親と別居しました．父が息子たちのために1軒ずつ家を買ってくれてありましたから．息子たちがそれぞれ家をもっていても，息子たち全員が親と一緒に住んでいるということが，親にとって周囲に自慢できることですし，息子たちにとっても親孝行なことなのです．

　別居したら自分で好きなものを作って食べられると思っていましたが，もう，日本食を食べようとは思わなくなっていました．

Uが経験した伝統的大家族は，核家族化が進行する台湾において稀少であるが，「孝順」を実現させるのにもっとも適した理想の家族として，特に年配の世代から評される．

　一方，既に姑の立場となった日本人妻からは次のような話が聞かれた．結婚した時点で夫の両親が他界していたため，嫁の立場は経験しておらず，現在，息子夫婦と別居しているFは，「うちのお嫁さんは日本語が話せないけど，週に2～3回，『ママ，ママ』って言って，日本語をうちに習いにくるの．むこうが私の言葉を覚えて話そうとしてくれるの」と嬉しそうに語る．「母の日や誕生日，お正月に息子や娘たちが十分なお小遣いをくれるから経済的には何も心配はない」という．Fをはじめ，高齢になった日本人妻たちの多くが，台湾の高齢者と同様，一家に敬われて生活している．

　Mは嫁の立場と姑の立場の両方を経験している．

　　私がこちらに来てすぐ3か月間，姑と一緒に住んでいました．それはそれは厳しい母でしてね．タンスや冷蔵庫をあけて，「これいくら？」って聞くし，「今まであれがあったのになぜなくなったの？」とか．いつもいつも日本に帰りたかったですよ．もしそれ以上一緒にいたら，私は今，台湾にいませんね．言葉があまりしゃべれませんでしたから，母と喧嘩にはなりませんでした．主人から「一番大事なのは母で，二番目は君だ」と最初に言われていましたから，そうなんだと自分にいい聞かせてました．

　　今度は自分が姑の立場となりますとね，息子がかわいいもんだから，お嫁さんがちゃんと世話をしてくれているかしらって，気になるんです．

　　私は日台結婚をして幸せでしたから，息子には「日本人のお嫁さんをもらいなさい」，娘には「台湾人の男性と結婚しなさい」って言ってきました．台湾のお嫁さんは何にもしないから，嫁は日本人がいいと思ってました．主人が優しかったから，娘には台湾人男性と結婚してほしいんです．勝手なんですけどね．でも息子が台湾人の嫁をもらっちゃったんですよ．

日本に留学したことのある人で，日本びいきのご家庭の娘さんなんだけど，同居してて最初は悩んだの．「朝食ぐらいは息子に食べさせてやって」って言いたかったけど，ずっと言えなくって．でも，我慢せずに言うことにしたら，すっとしました．嫁もね，「はい，そうします」って言ってくれましてね．

　しかし少数ではあるが，嫁の立場で夫方親族の問題をほとんど経験していないJのような妻も存在する．

　　台湾に来てしばらくは主人の実家で生活しておりました．それが台湾の伝統的な，大きなコの字型の家でしてね．20人の大家族でした．母の親戚はみんな医者で，お嫁入りするときに2人の女中さんを連れてきたような人ですから，家のことは何にもしませんでした．お嫁さんの悪口は絶対に言わない人でしたし，お嫁さんを信じて何でも思うようにさせてくれました．私が指輪を買ったりしますと，息子の甲斐性だと言って喜んでくれました．
　　主人は仕事の関係で台北に住んでいて，週末だけ田舎に帰って来るという生活でしたから，言葉もわからない，習慣もわからないなかでの生活でしたけど，きょうだいがよくしてくれました．

　Jは現在，結婚した娘夫婦の家を敷地内に建てて生活している．台湾では伝統的に親族関係は夫方の親族集団を中心に形成されているが，核家族化の進行と，女性が職場進出したことで経済力をもち，妻の発言権が大きくなったことから，近年では妻方親族に偏るケースも出てきている[22]．しかし，日本人妻の場合には，実家との物理的距離もあり夫方親族に偏らざるを得ない．
　ところが，若い世代のなかには，五男と結婚したR（30代）のように，夫の実家と割り切ったつき合いをしているケースも存在する．

　　夫の親族とは接触が少ないです．遠くに住んでいるし，全く違う世界に

住んでいるような気がするので，意識的に距離をおいているところもあります．姑は客家語と台湾語しかできませんから，私とは本当に簡単な言葉か，身振り手振りでしかコミュニケーションが取れません．結構細かいことにうるさい人ですが，言葉がわからないことは幸いしていると思います．わからないふりをすることもあります．顔を合わせているとお金の使い方，子ども，主に赤ちゃんの育て方，洗い物のしかたなど本当に細かいことにうるさいので，最初の頃にそれは気づいて，あまり頻繁に接触しないほうがよいと判断しました．姑には全く悪気はなく，単に口出しが習慣になっているだけです．たとえば姑は，ちょっと高いものを買うと文句を言うようなところがあります．倹約して，子どもたち全員を大学まで出して，次男を医者にした人ですからね．（母が）あれだけ年をとっているんだから，しょうがないと思えるようになりました．かわし方が大切なんです．

　その後，結婚年数が経つにつれ，私の家庭はそれなりになっていますし，姑にも小姑にも，あまり思い通りになる嫁ではないと諦めてもらえたと思います．私の場合，姑の「うるささ」というのは本当に日常の些細なことばかりで，人生に関わるようなことではないので，対処もしやすいと思います．夫も姑が言ったことを全部は私に伝えず適当にストップしてくれているようです．でも私がいつも言うことを素直に聞いていたら，たぶん人生設計にも干渉してくるだろうと思います．嫁姑の関係は，衝突したりするよりは穏やかに距離をおくほうがずっと良いと思います．お年寄りは大切にしなければと思いつつ，つきあいきれないことを反省してもいます．

　遠いので帰省すると数日間疲れが残るようなこともあって，今は1年に数回しか行きません．顔を見せることが尊敬の証ですから，礼儀として行きます．夫と子どもはもう少し頻繁に顔を出しています．私としても夫が親孝行するのはとても良いことだと思いますし，子供にも良い影響があると思っています．

　日本でも同じですが，いい嫁のふりをすると後が大変だと結婚する前か

らわかっていましたから，最初から自然体でいるようにしました．最初の頃に密接な親戚関係，彼らにとっては普通のことですが，これに巻き込まれそうなとき，とりあえず「不参加」ということで済ませていたら，こういうふうに距離ができたという感じでしょうか．

　台湾のお嫁さんは圧迫されています．嫁の地位は低いですしね．台湾の女性が強いというのは，それをはね返さないとやっていけないからじゃないですか．仕事をして，経済的にも精神的にも自立している方が，嫁姑関係に潰されずにすむような気がします．

さらに，20代を中心とする若い世代の話からは，実家と少し距離をおく夫が出てきたことと，夫の親も子離れが進みつつあること，妻たちに夫の親に尽くすという意識が薄れてきたことがうかがえる．

(b) 結婚に対する親の反対

　両親に結婚の意思を告げた時点で反対された割合は，夫の場合18.6%であるのに対し，妻の場合は66.7%と過半数である．結婚に反対した夫の親のうち，婚約前に61.8%，結婚後に29.4%，出産後に2.9%が同意しており，いまだに反対しているケースはない．他方，結婚に反対した妻の親では，婚約前に50.0%，結婚前に32.8%，結婚後に3.3%，妊娠後に3.3%，出産後に4.9%が同意しており，いまだに反対しているのは4.1%である．夫の両親，妻の両親とも，結婚の意思を告げられた時点で反対をしても，結婚までにはほどんど同意していることがわかる．

　結婚の意思を告げた時点で夫の親から反対を受けた割合は，① 1971年以前で25.0%，② 1972～86年で21.4%，③ 1987～95年で21.0%，④ 1996年以降で16.4%である．反対の理由は表2-6からわかるように，もっとも多いのは「文化・習慣が異なるから」であり，いずれの世代も半数以上にのぼっている．「日本人だから」は世代が若いほど少なく，④ 1996年以降では8.3%

（1人）である．

「文化・習慣が異なるから」という理由のなかで多かったのは，言葉の問題である．Aは，「私は結婚前から日本語教師として台湾で生活していましたので北京語はできますが，主人の両親は台湾語か客家語しか話せませんので，『言葉が通じない』と言って反対しました．今は反対こそしていませんが，コミュニケーションがとれず距離感があります」と語る．「日本人だから」という理由での反対は，(c)「対日感情」で述べる歴史的事実に基づく反日感情によるものである．例えばABのケースでは，外省人である夫の父親が，「なにも日本人と結婚しなくても…」と反対した[23]．戦後，中国大陸から台湾に渡って来た外省人のなかには，戦中に日本軍が中国大陸で行った残虐行為から結婚に反対した者もいる．

「その他」に含まれるのは，妻が日本人または外国人であることに起因しない反対理由であり，③1987～95年と④1996年以降にみられる．たとえばYのように，「私が台湾で日本語教師をしていたときの生徒が主人でした．その頃，彼がまだ大学生で経済力がないことから反対されました」というケースや，

表2-6　結婚に対する夫の親の反対の理由（複数回答）　　（　）内実数

結婚した年	文化・習慣が異なるから	日本人だから	外国人の血を家系に混ぜることになるから	世間体が悪いから	その他
①1971年以前	50.0% （2）	50.0% （2）	― （0）	― （0）	― （0）
②1972～86年	66.6% （2）	33.3% （1）	― （0）	― （0）	― （0）
③1987～95年	52.9% （9）	29.4% （5）	5.9% （1）	5.9% （1）	23.5% （4）
④1996年以降	66.7% （8）	8.3% （1）	― （0）	― （0）	33.3% （4）
全体	58.3% （21）	25.0% （9）	2.8% （1）	2.8% （1）	25.0% （9）

第三国に留学中に知り合い，卒業直後に結婚を決めたことから，Yと同様，夫の両親が経済的なことを心配して結婚に反対した3ケース，妻が夫よりも年上であるため反対した2ケースなどがある．

一方，結婚の意思を告げた時点で妻の親から反対を受けた割合は，① 1971年以前で 56.3%，② 1972～86 年で 85.7%，③ 1987～95 年で 67.9%，④ 1996 年以降で 63.0% であり，夫側の反対に比べて高率である．

①の時期，1964 年に留学中の夫と日本で知り合い結婚したMは，「両親もきょうだいも結婚に反対しました．結婚しても 15 年間は実家に入れてもらえなかったし，うちの主人を見ても口もきいてくれませんでした．台湾人に対する偏見があったからです．母は『ほかのきょうだいが結婚できなくなる』って言って，近所の人に私が台湾にいることを口にしませんでしたし，結婚していることも言っていませんでした」と語る．そんなMの両親であるが，Mの台湾での生活を見て態度が変わったという．「台湾に母を招待してから，『いい所ね』って言って，それから実家と行き来できるようになりました．『きょうだいのなかでMが一番幸せね』とも言ってくれました．主人が私のため，子どものために一生懸命働いてくれましたので，そんな姿をみて母もわかってくれたんだと思います」．

②の時期に台湾に留学し，クラスメートだった夫と③の時期，1987 年に結婚したUは，「父が，政情不安定な台湾に行くことに反対しました．『台湾の人は何かにつけ台湾を出たがるのに，何故そこに飛び込もうとするのか』と言って反対しました」と話す．

③の時期，1988 年に留学中の夫と日本で知り合い結婚したNは，「あの頃，日本がバブルで日台間の経済格差が大きかったですからね．『先進国日本から，何で台湾にお嫁に行くのか』と言われました．それに当時は台湾っていうと日本人男性が旅行に行くところとか言われていてイメージが悪かったですからね．一番反対したのは祖母でした．戦前の人ですから，植民地だった台湾に嫁ぐことにかなり抵抗があったようです．近所の人にも，私のことを『ちょっと遠く

に住んでて……』としか言ってませんでした」と語る．

④の時期，1997年に日本語教師として台湾に渡り，友人（台湾人）の紹介で1999年に結婚したKは，「『こういう人（結婚しようと思っている人）がいるんだけど』と言った時点で，母は『帰ってきなさい』って．父の方が落ち着いていました．台湾に住むことになるし，遠いしというのが一番大きかったようです．母は外国に行ったことない人だから．数か月ぐらい反対してましたけど，兄が親を説得してくれました」という．

アンケート調査からみた妻の親の反対の理由は表2－7からわかるように，全体では「日本を離れることになるから」がもっとも多いが，反対が最多であった②1972～86年では「外国人（台湾人）だから」「文化・習慣が異なるから」「世間体が悪いから」が全体の割合よりも高い．この世代の親は，戦前，戦中の教育を受けており，植民地であった台湾に対する偏見が存在していたことと，高度経済成長を遂げた日本の経済的優位性が台湾人に対する新たな差別意識を生んだことが考えられる．[24]

各世代に共通しているのは，夫本人の人柄以前のところで反対されているこ

表2-7　結婚に対する妻の親の反対の理由（複数回答）　　（　）内実数

結婚した年	文化・習慣が異なるから	外国人（台湾人）だから	日本を離れることになるから	外国人の血を家系に混ぜることになるから	世間体が悪いから	その他
①1971年以前	55.6% （5）	44.4% （4）	55.6% （5）	11.1% （1）	22.2% （2）	― （0）
②1972～86年	75.0% （9）	83.3% （10）	66.7% （8）	― （0）	41.7% （5）	― （0）
③1987～95年	56.4% （31）	61.8% （34）	78.2% （43）	10.9% （6）	30.9% （17）	9.1% （5）
④1996年以降	69.6% （32）	56.5% （26）	76.1% （35）	6.5% （3）	28.3% （13）	13.0% （6）
全　体	63.1% （77）	60.7% （74）	74.6% （91）	8.2% （10）	30.3% （37）	9.0% （11）

とである．夫がどれだけ人格者であろうと，優秀であろうと，名家の出であろうと，そういったことは二の次であり，まず，夫が日本人でないことと，遠い台湾に娘が嫁ぐことへの親の心配に起因する反対である．

(c) 対日感情

　親日・知日家が多いと言われる台湾であるが，日本の統治時代の政策から反日感情をもつ者や，戦後，大陸から台湾に渡って来た外省人のなかには，大陸で日本軍と交戦した者や南京大虐殺で親族や友人を日本軍に殺された者もおり，その思いは複雑である．

　台湾人の父と日本人の母をもつ，ある50代の女性は，戦後，国民党による教育を受けた第一世代である．「子どもの頃，お母さんが日本人だから『鬼の子』って言われて学校でいじめられました．石を投げられたりもしました．お兄さんたちは中学生になるぐらいまでお母さんと口をききませんでしたし，『学校にも来ないでくれ』と言っていました．苦労して働いて育ててくれたのに，お母さんがかわいそうでした．でもお兄さんたちは徴兵から帰ってきてから随分変わりました．『ママ，ママ』って言って，お母さんをとても大切にするようになりました」と語る．

　現在でも，小学校高学年になると中国現代史の授業があるため，子どもがその時期に近づくと憂慮する日本人妻が多い．しかし，担当教諭によってその教え方はさまざまであり，ことさら日本軍の残虐さを強調する授業が行われた場合には，子どもの受けるショックが大きいだけではなく，その後クラスメートからいじめの対象になることもある．本調査対象者の話では，歴史の授業の直後に一時的ないじめを受けたというケースはあったが，それが長期にわたるケースはみられなかった．

　小学生の子どもをもつNには次のような経験がある．
　　歴史の授業で先生が「日本の子は鬼の子」って言ったそうです．言われ

たときはショックだったようですが，周りのお友だちがフォローしてくれたから，すぐに元気になりました．それには日本の文化がテレビを通して子どもたちのなかに入ってきていることと大いに関係があります．「ドラえもんの国から来たおばちゃんだから悪い人のはずがない」ってかばってくれたようです．子どもの友だちが私に，「こんにちは」って日本語で話かけてきたり，「謝謝（ありがとう），って日本語でなんていうの」と尋ねてきたりしますからね．

　メディアが子どもたちに与える影響の大きさを象徴する話である．このほか，日本人に対するステレオタイプが存在する．「日本人だからお金持ち」「日本人女性は従順」などのステレオタイプに自分が重ねて見られることを不快に感じている者もいる．

(4)　台湾で活躍する日本人妻

　(2)(a)「言語」や(c)「妻の職業」では，30代，40代の日本人妻たちの活躍の様子を紹介したが，本項では台湾での居住年数が長い日本人妻たちの活躍の様子を紹介する．

事例1　AC

　　戦争が終わったときに，寄宿舎のある東京の看護学校に進学しました．卒業後，病院に勤めていましたときに，日本からベトナムに派遣する医療隊の募集があるのを知りまして，お役に立てればと思い応募しましたら採用されました．ベトナムに着いたのは1956年4月でしたが，間もなく盲腸にかかってしまいまして，日本語がわかる人に治療をしてもらおうということになって，手術をしてくれたのが主人でした．その年の11月にベトナムで結婚しました．

　　結婚後，2か月ほど日本に滞在し，1957年1月に台湾に参りました．

田舎でしたからね，主人の実家は．日本ではガスでご飯を炊いていたのに，こちらでは大きなかまどでご飯を炊いていました．その代わりお手伝いさんを雇えましたから．当時からお味噌とお醤油はありましたしね．

　その頃，主人は勤務医でしたから，「第5列」といってエリートたちの思想をチェックする国民党の情報機関（特務）がついて回って監視するんです．もうたまらなかったですよ．主人も「ここで埋もれたくない」って言って，一家で東京に帰りまして，東大で医学博士の学位をいただいて，1961年に台湾に帰ってきました．日本にも第5列が入ってきていましたから，主人は怖いと言って日本で台湾の人とつき合いませんでした．誰が第5列だかわかりませんからね．2・28事件や白色テロを経験してからは怖かったみたいです．

　開業してからは，私はほとんど外に出る暇がありませんでした．昔は出生率が高かったでしょ．1か月に300人ぐらいがうちの病院で出産したこともありましたから，病院の中で主人を手助けする毎日でした．

　ACの夫は3か月前に他界したが，β市内だけでなくその近郊でも知らない人はいない有名な産婦人科医である．医療事故が1件もなかった夫の医師としての腕はもちろんのこと，看護師として夫をサポートするACの評判も非常によく，「あの病院に行くと，奥さんが優しい」「奥さんがよくしてくれる」と遠くからこの病院にやって来る人も多く，現在は長女が病院を継いでいる．また，日本語が通じるということで多くの日本人妻がACの病院で出産している．そんな周囲の評判に対して，ACは極めて謙虚に次のように語る．「ただ私はお手伝いをしているだけ．みんなが元気に生まれてくれて，喜んで帰ってくれればそれが一番嬉しいです」．

事例2　H

　上海生まれ，上海育ちのHは，東京で英字新聞の記者をしていたときに，夫

を下宿先の大家さんから紹介されたという．

　　結婚するまで主人と5年ほど文通をし，一度も会わないまま1957年に結婚しました．会ったことはなくても長年の文通で，この人だったらという感じはありました．私はお仕事に夢中でしたから，待っててくれたんです．結婚に両親は反対しましたよ．父は上海で成功していましたが，敗戦によって一夜にして財産を失った人ですから，娘には日本人と結婚してほしくなかったみたいです．でも「将来のことは自分で決める」と言って結婚しました．

　　私は東京のど真ん中でずっと仕事をしていましたから，はじめて主人を見て，なんてやぼったい人なんだろうって，でもよさそうな人だと思いました．主人は蔣介石の接収団の1人でした．絶対に主人は接収した側だということを言いませんでした．学者肌で誠実な人でした．

　　台湾に来てまず，日本時代に残していった街の道路計画は素晴らしいと思いました．でも衛生面では日本と比べ物になりませんでしたね．人情はすごくいいと思いました．私がこちらに参りましたときは，日本語を使ってはいけない時代でしたけど，周囲からは日本人の嫁としてとても大事にしていただきました．

　　私はこちらに来てすぐ，ホテル，デパート，スーパーなどを経営する大手企業グループの秘書として働きはじめました．それぞれのエキスパートをアメリカから呼んだんです．その頃，こちらには英語を話せる人が少なかったですから，第1代の社長が，どうしても英語に通じている人がほしいということでしたので．私は日本でジャーナリストとしての経験もありましたので，人怖じすることなく，政府の中枢の人と社長との交渉の場にも立ち会いました．その後，その企業の顧問となり，50歳でリタイアしようと思っておりましたが，第一線から退いてからも，お声をかけていただき，第2代の社長の相談役をしております．また，その頃（1980年代初頭）から財政部の税関担当の人たちに日本語を教えています．日本との交

流が盛んになるにつれて，税関の人たちも日本語を覚える必要性が出てきたということです．日本人として台湾に貢献できることを嬉しく思っております．20年前に教えた人たちが今は偉くなりましてね，それでも私のことを「お母さん」って呼んで，慕ってくれます．

　信じられないぐらい早く日本のものが入ってくるようになりました．台湾は日本を追っているような気がしています．私にとって台湾は日本よりもいい国です．私は非常に恵まれていて，主人が亡くなってからもここにとどまる決心をしたのは，ここの人たちの温かさがあったからです．

事例3　L

　Lは友人の紹介で，日本に留学中の夫と知り合い，1971年に結婚した．

　日本で保健婦（師）をしていて，一生その仕事をしていくつもりでいましたから，それを断念するのが辛かったです．

　台湾に来てすぐ7キロやせました．まず，夏が大変でした．暑くて暑くて…．食べ物も合わなかったですし，言葉の問題も大きかったですね．日本では健康保険にしても年金にしても社会保障制度がありますよね．国が面倒をみてくれるじゃないですか．でも，私が台湾に来たときは何もなかった．こちらでは国が面倒をみてくれない．国情がありますからね．何から何まである所から来たんだから，身体が不安をあらわしたんでしょうね．一番大きかったのは，日本では経済的にも精神的にも自立していて，何でもひとりでできたのに，ここでは何から何まで主人に頼らなければ生きていけない自分がもどかしかったことです．

　台湾に来てしばらくは，毎年夏に日本に帰るのが待ち遠しかったです．だけど7年ぐらいして，自分が日本人から脱却していると感じるようになりました．それからはっきりと考え方が変わりました．客観的に日本と台湾を見ることができるようになったんです．そう考えるまでに，いろんな経験をしました．まず，日本に里帰りする度に，「かわいそうね，日本に

住めなくって」って周囲の人から言われました．日本人は日本に住むのが一番だと思っていて，「何で，そんな遅れた国の人と結婚したの」って言われたんです．特に田舎ではそれが強かったですよ．何故，ここ（台湾）に来なければならなかったのかと，自分に問い続けていました．苦しみましたね，そこから抜けるために．

　それで，日本でやっていた保健婦（師）としての専門を生かして，こちらで仕事をしてみようと思い，日本人学校に就職しました．だけど，そこでは日本からの派遣と現地採用に大きな扱いの差がありました．同じ仕事をしていてもお給料は派遣の人は現地採用の人の数倍もらっていました．日本人だけど日本人じゃない，だけど台湾社会にも入れない自分が苦しかった．仕事は好きだったけど，1年で辞めました．

　そんなとき，今やっているボランティアの話が，私の通っているキリスト教会の方からありました．日本の統治時代に日本教育を受けた台湾人や高齢になった日本人妻たちのためのデイケアセンター(25)でお世話をすることです．断りきれなくてはじめたのですが，やっていくうちに興味がわいてきて，もう8年やってるの．ボランティアを通して，50年間の日本の統治がどんなもので，日本語世代の高齢者たちの心情がどんなものなのかがわかるようになりました．日本語教育を受けたっていうだけじゃない．日本語じゃないと感情を伝えられないんですよ．身体にしみついた歴史もある．そういう人たちと一緒に日本語で歌を歌ったり，話をしながらお世話しているうちに，日本人として今いる場でやれることは何かを問うようになって，私の専門を生かしながら一生懸命ボランティアをするなかで私自身が変わってきました．ここで住んでいこうという気持ちになりました．

　「台湾はいいじゃないそれなりに，日本もいいじゃないそれなりに」って思えるようになりました．

4 考　察

　台湾人男性が日本に留学中に日本人女性と知り合い結婚するという日台結婚のパターンが崩れ，第三国や台湾で知り合って結婚するケースが増加するのが，③ 台湾の民主化進展の時期（1987～95年）以降である．これは台湾人の留学先が日本から欧米に移行した時期であり，日本のバブル景気にともなう日本人女性の海外留学が増加した時期でもある．

　① 政治優先の時期（1971年以前）や ② 経済成長期（1972～86年）に結婚した日本人妻からは，「郷に入れば郷に従え」という言葉が度々聞かれた．彼女たちは良妻賢母教育を受けた世代，または良妻賢母教育を受けた親に育てられた世代である．台湾の民主化以前であったことも，「郷に入れば郷に従え」という考えに影響したといえよう．

　ところが，③ 民主化進展の時期（1987～95年）や ④ 民主体制確立期（1996年以降）に結婚した日本人妻は，郷に従いながらも，「居留問題を考える会」の活動や，日本語教室の設立などに代表されるように，自分たちの手で住みやすい環境づくりのための活動や子どもの教育のための活動を積極的に行っている．「辛抱すればそのうち良くなる」と自分に言い聞かせてきた世代から，「環境は諦めるものではなく自分でつくるもの」という世代への移行がみられる．台湾で民主体制が確立したことや，女性の社会進出に対する社会の理解も彼女たちの活動を可能にした大きな要因である．

注
　（1）　第1章注(1)を参照されたい．
　（2）　台北「なでしこ会」，台中「桜会」，台南「南風」，高雄「ひまわり会」のいずれも日本人妻の親睦会である．会員の多くが「居留問題を考える会」に所属している．
　（3）　「なでしこ会」に関しては，筆者が2002年2月20日の例会に出席し，その場でアンケート調査を行った．例会の欠席者には，他の会と同様に後日郵送法

で行った．
（4）　蕭新煌は1945年以降40年の台湾の歴史を政治，経済，社会の三大勢力の消長状況から観察し，1945〜64年を政治優先の時期，65〜74年を経済力台頭の時期，75〜84年を社会優先出現の時期としている．そしてその後の10年（85〜94年）は，蕭が予測した通り，社会優先が一層明白になり，民主化が進む時期である．蕭新煌著，陳正醍訳「工業化・都市化と社会変動」戴國煇編『もっと知りたい台湾』弘文堂，1986年，pp. 81-82
（5）　「台湾」は中華民国の実効支配地域を指し，国名として認知されていないが，日本で一般的に使用されている呼称であるため本書でも用いた．
（6）　以下において，「1971年以前」とは1971年以前に結婚した人々，「1972〜86年」とは1972〜86年に結婚した人々，「1987〜95年」とは1987〜95年に結婚した人々，「1996年以降」とは1996年以降に結婚した人々を意味する．
（7）　中川昌郎『台湾をみつめる眼』田畑書店，1992年，p. 20
　　その理由として，台湾でビジネスに直結する言語として英語の重要性が増したことや，欧米志向が強まったことのほか，塩入すみは，「日本の物価高，学位取得困難，留学過程の複雑さなど」を挙げている．塩入すみ「台湾の大学における日本語教育の現状と課題——日本語専攻の学科を中心に——」国際交流基金日本語国際センター『世界の日本語教育　日本語教育事情報告編』第5号，1999年，pp. 160-161
（8）　海外に居住する日本人の子ども向けの通信教育がある．
（9）　現在，台湾でも日本でも父母両系血統主義が採用されており，台湾人と日本人の両親から生まれた子どもの国籍について以下のように定められている．
　　日本の国籍法第12条および戸籍法第104条第1項では，出生により外国の国籍を取得した日本国民で国外で生まれた者は，出生の日から3か月以内に在外公館（台湾の場合は交流協会）に国籍を留保する旨を届出なければ，その出生のときにさかのぼって日本の国籍を失うと定められている．しかし，日本国籍を留保しても，重国籍の場合には22歳までに国籍の選択宣言をしなければならない．国籍法第14条第1項では，「外国の国籍を有する日本国民は，外国及び日本の国籍を有することとなったときが20歳に達する以前であるときは22歳に達するまでに，そのときが，20歳に達した後であるときにはそのときから2年以内に，いずれかの国籍を選択しなければならない」と規定している．また，第2項では，「日本の国籍の選択は，外国の国籍を離脱することによるほかは，戸籍法の定めるところにより，日本の国籍を選択し，かつ，外国の国籍を放棄する旨の宣言（「選択の宣言」）をすることによってする」とし，第16条第1項で，「選択の宣言をした日本国民は，外国の国籍の離脱に努めなけれ

ばならない」としている．従って，国籍選択制度の適用を受ける日本国民は，期限内に日本国籍を選択しなければ日本国籍を喪失するが，選択の宣言により外国国籍を喪失するわけではない．居留問題を考える会「国際結婚家庭の子女の二重国籍に関する問題について」2002年3月，p.2

　　　一方，台湾の国籍法では重国籍について明文化されておらず，現在は重国籍が黙認されている．
(10)　台湾における工業およびサービス業の被雇用者の平均給与（給料，手当と賞与の合計）は4万2,741元（約15万円）である．小沼英悟「台湾からの訪日旅行の最新動向」日本観光協会編『月刊観光』435号，2003年，p.45
(11)　そのための準備のひとつとして，2003年5月から「台北日本語補習授業校」に改称した．
(12)　2001年3月24日付朝日新聞朝刊
(13)　『日文生活雑誌Sumika』2002年4月号，p.12
(14)　しかし，事業主として夫や親族など台湾人の名義を借りているケースがほとんどである．
(15)　瀬地山角『東アジアの家父長制』勁草書房，1996年，pp.259-262

　　　その背景として，第1に，保育施設が日本に比べて普及していない台湾であるが，夫の親や，近年では妻の親からも積極的な育児支援を受けることができること．第2に，台湾では外食をする割合が非常に高いことや，仕事の帰りに子どもを迎えに夫または妻の実家に行き，そこで夕食をとるなど，妻が家事を行うことへの要求が強くないこと．第3に，妻が働いて家計を支えることで生活が豊かになることは，夫やその親族から歓迎されることであり，女性自身も収入を得ることで発言権が大きくなったため，結婚や出産後も仕事を続けること．第4に，瀬地山角が指摘するように，台湾では中国南方の労働規範を背景にしており，そこでは女子の貢献を含めた持ち寄りの家計維持が一般的であったことに加え，女子労働に対して抑制的な上流階級の規範が作用することがなかったこと（瀬地山角，同上書，p.268）などを挙げることができる．
(16)　居留問題を考える会「居留問題を考える会のご案内」2002年5月
(17)　日本の国会に相当する．
(18)　詳しくは第1章4「日台関係の変遷と妻の国籍」を参照されたい．
(19)　交通関係注意事項やごみの分別の仕方から，台湾人と外国人との結婚によって生まれた子どもの戸籍申請など法的なことまで詳しく説明されている．
(20)　北京語で母親のことを「媽媽（ママ）」という．
(21)　森岡清美・望月嵩『新しい家族社会学　改訂版』培風館，1990年，p.124
(22)　洪郁如「女性たち」若林正丈編『もっと知りたい台湾　第2版』弘文堂，

1998 年，pp. 92-93
- (23) 詳しくは第 1 章 3 「省籍と族群」を参照されたい．
- (24) 本間美穂，『海を越えたなでしこ』日僑通訊出版社，1999 年，p. 28
- (25) 日本語での活動を通して，高齢者の心身を支える目的で 1989 年 9 月に日本人宣教師によって台北に設立された．このディケアセンターに通っている高齢者は 20〜30 人である．その大半は日本の統治時代に日本語教育を受けた台湾人の高齢者であり，日台結婚の日本人女性は 1〜2 割程度であるが，クリスマスパーティーやバザーなどのときには人数が増えるという．

第3章　異文化適応と結婚満足度

本章では，台湾人男性と日本人女性のカップルの結婚満足度を規定する要因を検証する．日本人妻が台湾に適応することが夫婦にとってどの程度重要なのか，また妻の一方的適応ではなく，夫の側も日本文化を受容しているかどうかや，カップルを取り巻く社会環境も夫婦の生活に影響するのではないかという問題意識のもと，台湾への妻の適応・夫の日本文化受容・社会環境と夫婦の結婚満足度との関連を考察する．

1　データの特性

本章では，前章と同様のアンケート調査から得たデータを用いて，異文化適応と結婚満足度との関連を検証する．

有効回答184標本の結婚年数はレンジ1-59，$\bar{x}$ = 11.42，SD = 11.74であり，台湾での居住年数はレンジ1-56，$\bar{x}$ = 11.18，SD = 11.16である．夫の年齢は30代が最多で54.3%，これに40代（24.5%），50代（5.4%）が続いており，妻の年齢も夫同様30代が最多で58.7%，これに40代（12.5%）と20代（12.5%）が続いている．職業は夫の場合，常用雇用者が60.9%，自営業が34.8%で，妻の場合は，専業主婦が63.6%で過半数を占め，常用雇用者は18.0%，自営業は11.4%，アルバイトは5.4%である．また，夫の学歴は中学・高校卒が14.1%，専門学校・短大卒が19.0%，大学卒が47.8%，大学院修了が18.5%で，妻の学歴は中学・高校卒が19.0%，専門学校・短大卒が35.9%，大学卒が37.5%，大学院修了が7.6%である．

配偶者と知り合った国は，日本が46.7%で最多であり，第三国は27.2%，台湾は26.1%である．知り合った国別にどのように知り合ったのかと，知り合った当時の職業をみると，日本で知り合った場合は，友人の紹介が28.7%，職場が25.3%，学校が23.0%であり，妻の職業は常用雇用者が55.2%で，これに学生が28.7%で続いているが，夫の職業は学生が55.2%，常用雇用者が32.2%である．平均結婚年数が14.7年で，台湾での妻の平均居住年数（13.4

年）よりも若干長いことから，夫が日本に留学中に妻と知り合い結婚し，台湾に移住した傾向がみられる．

　第三国で知り合った場合には，学校が56.0％と過半数を占めており，友人の紹介は26.0％，職場は4.0％である．夫，妻ともに学生であったケースが大半であり，夫の72.0％，妻の76.6％を占めている．第三国の内訳は，アメリカ（41.5％），カナダ（15.1％），オーストラリア（13.2％）と続いており，ほとんどが留学先で知り合っている．平均結婚年数（8.3年）と台湾での妻の平均居住年数（8.0年）にほとんど差がないことから，結婚によって妻が台湾に移住した傾向が強いことがわかる．

　台湾で知り合った場合は，友人の紹介が43.8％，職場が29.2％，学校が10.4％である．知り合った当時の夫の職業は常用雇用者が60.4％，自営業が18.8％であり，妻は常用雇用者が54.2％，学生が25.0％である．平均結婚年数が8.8年で，台湾での妻の平均居住年数（10.6年）よりも短いことから，台湾で知り合ったカップルの場合，妻は結婚前から仕事や留学で既に台湾に居住していた傾向がみられる．

2　分析方法

　夫と妻の結婚満足度を規定する要因を「台湾への妻の適応」，「夫の日本文化受容」，および「社会環境」に分けて検証する．「台湾への妻の適応」については，① 台湾の歴史や文化・社会への関心（あり＝1〈78.9％〉），② 北京語（または台湾語）でのコミュニケーション能力（あり＝1〈52.4％〉），③ 食生活への適応（適応＝1〈82.7％〉）の3変数を，「夫の日本文化受容」については，④ 日本の歴史や文化・社会への関心（あり＝1〈84.9％〉），⑤ 日本語でのコミュニケーション能力（あり＝1〈70.3％〉），⑥ 日本食の受容（受容＝1〈67.0％〉）の3変数を，「社会環境」については，⑦ 反日感情（あり＝1〈38.4％〉），⑧ 国際結婚に対する許容度（高い＝1〈81.4％〉），⑨ 夫方親族とのつき合いに関する問題（あり＝1〈47.8％〉）の3変数を投入し重回帰分析を行う．従属変数

となる結婚満足度については，結婚生活の満足の程度を質問した項目の選択肢を得点化し，「たいへん満足」を5点，「ほぼ満足」を4点，「どちらともいえない」を3点，「やや不満」を2点，「かなり不満」を1点とした．

3 仮　　説

　国際結婚をして配偶者の国に居住する場合，夫が外国人の場合よりも妻が外国人の場合の方が異文化適応が問題となる．それは，一般的に夫の役割が公的であることが多いのに対して妻の基本的な役割は家族の私的な領域のなかにあり，妻として，母として，そして嫁としての基本的な役割を遂行するために，文化的にも社会的にも適応することが期待されているからである[5]．そこで，妻が台湾の文化や生活に適応していれば，夫，妻ともに結婚満足度が高くなるという前提のもと，台湾への妻の適応に関する次の①〜③の仮説を提示する．

　仮説①：P.ベンソンが異文化適応の条件のひとつとして居住地の歴史や文化・社会への関心を挙げているように[6]，妻が台湾の歴史や文化・社会に関心をもっている方が台湾への適応が進み，結婚満足度が高くなる．

　仮説②：異文化適応とコミュニケーションとの関連については，A.チャーチ[7]やY.キム[8]らが研究を行っており，居住地の言語に精通することが異文化適応を促進すると結論づけていることから，北京語（または台湾語）で十分なコミュニケーションをとれる方が適応度が増し，結婚満足度が高くなる．

　仮説③：異文化適応に必要な要素のひとつとして食生活における適応が挙げられるように[9]，台湾での食生活に適応していれば生活全般にも適応しやすく，結婚満足度が高くなる．

　仮説④〜⑥：夫と妻の結婚満足度を高めるためには，外国人である妻が夫の国の文化や社会に一方的に適応するのではなく，夫も日本の歴史や文化・社会に関心をもち，夫婦双方の文化を統合することが大切であることから[10]，夫が④日本の歴史や文化・社会に関心をもち，⑤日本語でのコミュニケーション能力があり，⑥日本食を受容している方が，夫，妻ともに結婚満足度が高く

なる．

　台湾への妻の適応や日本に関する夫の理解は，個人的な問題としてある程度までは解決可能であるが，社会環境は個人の努力だけでは解決しない．そこで，結婚満足度を規定するのは当事者だけの要因ではなく，彼らを取り巻く社会環境も影響しているという前提から，次の⑦〜⑨の仮説を提示する．

　仮説⑦：親日・知日家が多いと言われる台湾であるが，日本の統治時代の政策から反日感情をもつ者や，戦後，大陸から台湾に渡って来た外省人[11]のなかには，南京大虐殺や日中戦争により，反日感情をもつ者がいる．日本人妻たちからは，「子どもが学校で南京大虐殺のことを習ったときに，クラスメートから『日本人』として敵視された」という話や，「外省人のタクシー運転手に，突然，南京大虐殺の話をされ日本人を批判されたことがある」，あるいは，「従軍慰安婦や台湾兵の問題など日本政府の戦後処理の仕方についてのニュースがあったときに周囲から冷たい視線を感じる」という話などが聞かれた．このような反日感情によって妻だけでなく子どもや夫も一種の疎外感をもち，それによって結婚満足度が低くなる．

　仮説⑧：文化の違いそれ自体が必ずしも国際結婚における葛藤の要因ではなく，社会の不寛容さが原因で夫婦の間に緊張が走り，葛藤が生じることがあることから[12]，台湾社会で国際結婚が許容されていないと感じている場合には結婚満足度は低くなる．

　仮説⑨：台湾では，親への服従を基本に，親を中心として放射状に親族ネットワークが形成され，核家族化が進行する今日でも強い結束力をもっている[13]．伝統的に親族関係は夫方の親族集団に妻（嫁）が組み込まれることを前提としているため嫁役割は重要である[14]．核家族のなかでは妻の立場が強いことはあっても，大家族のなかでの嫁の立場は弱く，地位も低い[15]．第2章3(3)(a)「夫方親族との関係」で考察したように，強い結束力をもつ親族関係であるがゆえに，夫の親の過干渉や，夫婦の親密性を脅かすのではないかと妻たちが危惧するほどの親子間の「孝順」の優位性など，妻が不満をもっているケースもあること

から，夫方親族とのつき合いに関する問題がある方が結婚満足度は低い．

4　分析結果

夫および妻の結婚満足度は，レンジ1-5，夫の場合，$\bar{x} = 3.56$，SD = 1.08，妻の場合，$\bar{x} = 3.42$，SD = 1.15と，夫婦ともに比較的高い．

夫と妻の結婚満足度の重回帰分析の結果は次の通りである．結婚満足度と台湾への妻の適応との関連については，表3-1「結婚満足度の重回帰分析―台湾への妻の適応」からわかるように，標準偏回帰係数（β）が有意であったのは，夫の場合は，②妻のコミュニケーション能力（p<.001）であり，妻の場合は，②コミュニケーション能力（p<.05）と③食生活への適応（p<.01）である．すなわち，妻に北京語（または台湾語）でのコミュニケーション能力があるほど夫，妻ともに結婚満足度が高くなることと，妻が食生活に適応している方が妻自身の結婚満足度が高くなることが看取される．しかし，①妻が台湾の歴史や文化・社会に関心があるか否かは，夫および妻の結婚満足度と関連が認められなかった．これらのことから，結婚満足度を規定するのは妻が台湾の歴史や文化に関心をもっているかどうかよりも，妻のコミュニケーション能力や食生活への適応といった，より生活に密着した事柄であることがわかる．

夫の日本文化受容は，表3-2「結婚満足度の重回帰分析―夫の日本文化受容」が示すように，④日本の歴史や文化・社会への関心，⑤日本語でのコミュニケーション能力，⑥日本食の受容の3変数とも夫の結婚満足度も妻の結婚満足度も規定せず，仮説は支持されなかった．

また，表3-3「結婚満足度の重回帰分析―社会環境」からわかるように，標準偏回帰係数（β）が有意であったのは，夫の場合は，⑧国際結婚に対する許容度（p<.01）と⑨夫方親族とのつき合いに関する問題（p<.01）であり，妻の場合は，⑦反日感情（p<.05），⑧国際結婚に対する許容度（p<.001），⑨夫方親族とのつき合いに関する問題（p<.001）の3変数すべてであり，仮説が支持された．すなわち，国際結婚に対する許容度が高いほど，また夫方親族と

第3章 異文化適応と結婚満足度　89

表3-1　結婚満足度の重回帰分析—台湾への妻の適応

夫の結婚満足度		(N = 184)
独立変数	標準偏回帰係数 β	相関係数 γ
①台湾の歴史や文化・社会への関心（あり＝1）	.3513	.1841*
②コミュニケーション能力（あり＝1）	.5229***	.2768***
③食生活への適応（適応＝1）	.3692	.1994**

$R^2 = .1177$　intercept = 2.7054　F = 8.051***　***p<.001　**p<.01　*p<.05

妻の結婚満足度		(N = 184)
独立変数	標準偏回帰係数 β	相関係数 γ
①台湾の歴史や文化・社会への関心（あり＝1）	.3967	.1985**
②コミュニケーション能力（あり＝1）	.3869*	.2128**
③食生活への適応（適応＝1）	.5895**	.2524***

$R^2 = .1126$　intercept = 2.4127　F = 7.652***　***p<.001　**p<.01　*p<.05

表3-2　結婚満足度の重回帰分析—夫の日本文化受容

夫の結婚満足度		(N = 184)
独立変数	標準偏回帰係数 β	相関係数 γ
④日本の歴史や文化・社会への関心（あり＝1）	.3157	.0904
⑤日本語でのコミュニケーション能力（あり＝1）	－.2570	－.0579
⑥日本食の受容（受容＝1）	.1929	.0637

$R^2 = .0208$　intercept = 3.3443　F = 1.283　***p<.001　**p<.01　*p<.05

妻の結婚満足度		(N = 184)
独立変数	標準偏回帰係数 β	相関係数 γ
④日本の歴史や文化・社会への関心（あり＝1）	.1093	.0348
⑤日本語でのコミュニケーション能力（あり＝1）	－.0551	－.0011
⑥日本食の受容（受容＝1）	.1019	.0399

$R^2 = .0029$　intercept = 3.2961　F = 0.175　***p<.001　**p<.01　*p<.05

表3-3 結婚満足度の重回帰分析―社会環境

夫の結婚満足度		(N = 184)
独立変数	標準偏回帰係数 β	相関係数 γ
⑦反日感情（あり= 1 ）	－.2914	－.1957**
⑧国際結婚に対する許容度（高= 1 ）	.5974**	.2328**
⑨夫方親族とのつき合いに関する問題（あり= 1 ）	－.4590**	－.2387**
R^2 = .1257　intercept = 3.8624　F = 8.581***　***$p<.001$　**$p<.01$　*$p<.05$		

妻の結婚満足度		(N = 184)
独立変数	標準偏回帰係数 β	相関係数 γ
⑦反日感情（あり= 1 ）	－.3449*	－.2082**
⑧国際結婚に対する許容度（高= 1 ）	.8350***	.2988***
⑨夫方親族とのつき合いに関する問題（あり= 1 ）	－.5506***	－.2719***
R^2 = .1770　intercept = 3.6678　F = 12.829***　***$p<.001$　**$p<.01$　*$p<.05$		

のつき合いに関する問題がないほど，夫，妻ともに結婚満足度が高く，反日感情を感じていない方が妻の結婚満足度が高くなることが看取される．

5　考　察

　夫と妻の結婚満足度は，台湾への妻の適応や社会環境と関連が認められたが，夫の日本文化受容とは関連が認められなかった．その理由として，本調査対象のほとんどが台湾での永住を前提として生活しているため，妻として，母として，嫁としての役割を遂行するためには，文化的にも社会的にも台湾に適応していることが必須になることが挙げられる．また世代によって，家族によって程度の差はあれ，台湾において家父長制的な勢力関係が存在し，夫優位性規範が根強いことがうかがえる．

　しかしながら，この結果だけから日本人妻たちが日本の文化を捨て，台湾の文化に一方的に適応していると結論づけるのは早計であろう．夫の36.8%，妻の48.1%が週に３回以上日本食を食べ，45.7%のカップルが夫婦の会話で日

本語を使用し，妻の69.8%が週に3回以上日本の活字に触れているのである．その背景として，台湾において一般のスーパーマーケットでも日本の調味料などを購入することができるほか，1980年代後半に台湾の主要都市に日系の大手デパートが進出したことによって日本の食品はたいてい手に入るようになったことや，インターネットをはじめとする通信技術の進歩などをあげることができる．彼女たちは日本の文化を保持しながら，台湾の文化や社会に適応しているといえる．

注
（1） 月数を切り上げて換算した．
（2） 月数を切り上げて換算した．
（3） 会社員，公務員，専門職を含む．
（4） 共働きが一般的な台湾において日本人妻に専業主婦が多いのは，アンケート調査を行った2001年2月は就業服務法の改正前であり，台湾人の配偶者であっても外国人が就労することは極めて困難であったからである．就業服務法について，詳しくは第1章4「日台関係の変遷と妻の国籍」および第2章3(2)(c)「妻の職業」を参照されたい．
（5） Cottrell, A. B., "Cross-National Marriages : A Review of the Literature", *Journal of Comparative Family Studies*, Vol. XXI No. 2, 1990, p. 159.
（6） Benson, P. G., "Measuring Cross-Cultural Adjustment : The Problem of Criteria", *International Journal of Intercultural Relations*, No. 2, 1978, pp. 32-34.
（7） Church, A. T., "Sojourner Adjustment", *Psychological Bulletin*, Vol. 91 No. 3, 1982, pp. 540-572.
（8） Kim, Y. Y., *Communication and Cross-Cultural Adaptation : an Integrative Theory*, Multilingual Matters Ltd, 1988.
（9） 稲村博『日本人の海外不適応』日本放送協会，1980年，p. 177
（10） 拙稿「国際結婚カップルの異文化適応に関する研究」日本社会病理学会編『現代の社会病理』12号，1997年，pp. 92-94
（11） 詳しくは第1章3「省籍と族群」を参照されたい．
（12） Cottrell, A. B., op.cit., pp. 164-165. The Washington Post : 2001.7.5.
（13） 瀬地山角「東アジア版イエ社会論へ向けて─家族の文化比較の可能性─」日本家族社会学会編『家族社会学研究』第9号，1997年，pp. 13-19

(14) 台湾における嫁役割とは，夫の親に尽くし，夫方親族とよい関係を保つことである．具体的には，夫の親と別居している場合，夫の親に敬意を表す意味で頻繁に訪問すること，夫の親との同居・別居に関わらず「拝拝」(祭祀) の準備を姑の指示に従って行うこと，親族が集まる際の食事の支度などが一般的に挙げられる．このほか，子ども，特に男児を産むことが嫁の役割であるという考えも，舅姑の世代には根強い．
(15) 氷室美郷「夫婦の力関係」及川朋子・田中維佳・氷室美郷・本間美穂『おどろ気もものの木台湾日記』毎日新聞社，1999 年，p. 126

第4章　日本人妻の社会的ネットワークと結婚満足度

前章では，台湾への妻の適応・夫の日本文化受容・社会環境が結婚満足度に与える影響を検証したが，本章では，日本人妻の社会的ネットワークが夫と妻の結婚満足度に与える影響について考察する．その理由は，結婚満足度の規定要因を考察するにあたって，彼らに固有の特性からの分析だけではなく，他者との関係からの分析，すなわちネットワーク分析も必要であるとの判断からである．台湾人男性との結婚によって台湾に移住した日本人妻たちの社会的ネットワークの規模と内容を人間関係の指標として，これらが結婚満足度をどの程度規定するのかについて検討する．

1 データの特性

本章では，第2章と第3章で用いたデータのうち，条件を同一にするために，妻の年齢が30代と40代で核家族世帯に属する106カップルに限定して集計を行った．有効回答106標本の結婚年数はレンジ1-24, $\bar{x} = 8.05$, SD = 4.07であり，台湾での居住年数はレンジ1-24, $\bar{x} = 8.02$, SD = 4.19である．職業は夫の場合，常用雇用者が66.0％，自営業が34.0％で，妻の場合は専業主婦が57.5％で過半数を占め，常用雇用者は21.7％，自営業は14.2％，アルバイトは5.7％である．また，夫の学歴は中学・高校卒が14.2％，専門学校・短大卒が18.9％，大学卒が49.1％，大学院修了が17.0％で，妻の学歴は中学・高校卒が11.3％，専門学校・短大卒が37.7％，大学卒が40.6％，大学院修了が10.4％である．

2 妻の社会的ネットワークの規模と結婚満足度との関連

(1) 分析方法

妻の社会的ネットワークの規模が結婚満足度に与える直接効果を検証するために，独立変数として日本人妻の社会的ネットワークの規模を，従属変数として夫および妻の結婚満足度を用い，一元配置の分散分析を行う．妻の社会的

ネットワークの規模に関しては，夫方親族，妻方親族，近隣，職場・近隣以外の友人という4つの種類別(4)と台湾人・日本人別に，「日頃から何かと頼りにし親しくしている」人数を回答してもらい，それぞれ0人，1〜2人，3人以上の3群に分けた．従属変数となる結婚満足度については，満足の程度を質問した項目の選択肢を得点化し，「たいへん満足」を5点，「ほぼ満足」を4点，「どちらともいえない」を3点，「やや不満」を2点，「かなり不満」を1点とした．

(2) 仮　　説

社会的ネットワークは移住した地域に定住する基盤を提供するため，移住後のネットワークの再構成は重要課題である[5]．また，移住先での満足度はより多様な人々と交流の機会をもつことによってもたらされるという先行研究が示す[6]ように，結婚満足度はネットワークの構造に影響を受け[7]，妻の社会的ネットワークの規模が大きいほど，結婚満足度が高くなるという前提のもと，次の①から④の仮説を提示する．

仮説①：妻が夫方親族と親しくするということは，夫とネットワークを共有しているという意味と，夫方親族と積極的な相互作用を行っているという意味があることから，夫方親族関係数が多い方が結婚満足度が高い．

仮説②：妻方親族や，日本に居住する友人との関係は，日本人としてのアイデンティティを保持するうえで重要な役割を果たしており，これらの関係を断ち切ってしまうと，夫の文化への一方的適応となり[8]，結婚満足度が低くなる．

仮説③：近隣や友人といった台湾人関係数が多いということは，台湾での生活に適応し，溶け込んでいることであるため，結婚満足度が高い．

仮説④：均質的なネットワークは，個人に帰属意識と安心感を与えると言われるように[9]，この種のネットワークは移住初期の段階で大きな助けとなるほか，後には個人の文化的アイデンティティ維持の助けとなることから[10]，台湾に居住する日本人関係数が多い方が結婚満足度が高くなる．

(3) 分析結果

　夫および妻の結婚満足度は，レンジ 1-5，夫の場合 $\bar{x}$ = 3.50，SD = 1.05，妻の場合 $\bar{x}$ = 3.37，SD = 1.14 である．各社会関係数は，夫方親族関係数がレンジ 0-10，$\bar{x}$ = 2.37，SD = 0.78，妻方親族関係数がレンジ 0-8，$\bar{x}$ = 2.37，SD = 0.77，近隣関係数（台湾人）がレンジ 0-5，$\bar{x}$ = 1.84，SD = 0.78，近隣関係数（日本人）がレンジ 0-5，$\bar{x}$ = 1.56，SD = 0.71，職場・近隣以外の友人関係数（台湾人）がレンジ 0-10，$\bar{x}$ = 2.16，SD = 1.07，職場・近隣以外の友人関係数（台湾居住の日本人）がレンジ 0-12，$\bar{x}$ = 2.75，SD = 1.10，職場・近隣以外の友人関係数（日本居住の日本人）がレンジ 0-12，$\bar{x}$ = 2.72，SD = 1.13 である．

　一元配置の分散分析の結果を表 4-1「妻の社会的ネットワークの規模と結婚満足度との関連」と表 4-2「結婚満足度と独立変数との関連」に示す．表 4-1 から明らかなように，夫の結婚満足度と関連が認められたのは，職場・近隣以外の台湾人の友人関係数（F = 4.88，p<.01）と台湾に居住する職場・近隣以外の日本人の友人関係数（F = 3.33，p<.05）であり，表 4-2 からわか

表 4-1　妻の社会的ネットワークの規模と結婚満足度との関連

	台湾人	台湾居住の日本人	日本居住の日本人
（夫の結婚満足度）			
夫方親族	1.83	――	――
妻方親族	――	――	1.48
近隣	0.84	0.66	――
職場・近隣以外の友人	4.88**	3.33*	0.96
（妻の結婚満足度）			
夫方親族	2.87	――	――
妻方親族	――	――	0.87
近隣	2.25	2.03	――
職場・近隣以外の友人	3.19*	0.16	1.70

注：数値は F 値．一元配置の分散分析の結果に基づく．
　***p<.001，**p<.01，*p<.05

表4-2　結婚満足度と独立変数との関連

N = (　　)

独立変数		夫の結婚満足度	独立変数		妻の結婚満足度
台湾人の友人	0人	3.21 (34)	台湾人の友人	0人	3.09 (34)
	1〜2人	3.47 (34)		1〜2人	3.32 (34)
	3人以上	3.97 (33)		3人以上	3.76 (33)
台湾居住の日本人の友人	0人	3.88 (8)			
	1〜2人	2.94 (17)			
	3人以上	3.65 (57)			

注：結婚生活の満足の程度を質問した項目の選択肢を得点化／たいへん満足＝5，ほぼ満足＝4，どちらともいえない＝3，やや不満＝2，かなり不満＝1

るように，妻に台湾人の友人が多い方が，また台湾居住の日本人の友人がいない方が夫の結婚満足度が高くなる．一方，妻の結婚満足度と関連が認められたのは，表4-1が示すように職場・近隣以外の台湾人の友人関係数（$F = 3.19$, $p<.05$）であり，表4-2からわかるように，台湾人の友人が多い妻ほど結婚満足度が高くなる．

(4) 検　討

　以上の分析結果から，妻に，台湾人の友人が多いほど夫と妻の結婚満足度が高くなる一方で，台湾に居住する日本人の友人がいない方が夫の結婚満足度が高くなることが明らかになったが，その他の変数は，結婚満足度との関連が認められなかった．

　まず，夫方親族関係数と夫および妻の結婚満足度との関連が認められなかったのは，妻が夫方親族と親しくすることで結婚満足度が高くなることもあるが，夫方親族からのネガティブなサポートが存在する場合には，結婚満足度が低くなるためであると考えられる．「夫方親族とのつき合いに関することで夫婦の間に問題が生じることがある」と回答したのは51.9％と過半数にのぼっているのである．

　また，妻方親族関係数や日本に居住する友人関係数と，結婚満足度との関連

が認められなかったのは，いつまでも前住地のネットワークに固執すると新しい関係の開発を阻害し，近隣・友人関係が形成されず[11]，多様な社会的ネットワークを構築することができないこともあるからである．

さらに，近隣関係数と結婚満足度との関連が認められなかったのは，近辺に親族がいないとき，近隣関係によって補完されることがある[12]反面，近隣関係は必ずしも自発的・選択的な関係ではないため，それがストレス源となったり，他のネットワークメンバーとの活動や関係維持のための時間や資源を圧迫したりすることもあるからであると解釈できる[13]．

このほか，台湾に居住する日本人の友人関係数と妻の結婚満足度との関連が認められなかったのは，移住初期には日本人との接触によって安らぎを得たり，文化的アイデンティティをともに確認できても[14]，これに長期間依存し続けると，台湾人の友人をつくる機会が減り，彼らを通して異文化を理解する機会が得られないといった問題も出てくるためである．他方，妻に，台湾に居住する日本人の友人がいない場合に夫の結婚満足度がもっとも高いという結果が出たことから，妻の交友関係が日本人に偏ることを夫が好ましく思っていないことがわかる．妻に，台湾人の友人が多くなると夫の結婚満足度が高くなるのと対照的である．妻以上に夫が，台湾人ネットワークのなかで妻が生活することを期待していることがうかがえる．

3 妻の社会的ネットワークの規模と結婚満足度との関連におよぼす基本属性の効果

(1) 分析方法

前節「妻の社会的ネットワークの規模と結婚満足度との関連」のように，結婚満足度に対する要因の影響を個別に分析することは，結婚満足度への直接効果の検証であるが，本節では，妻の社会的ネットワークの規模が直接，夫と妻の結婚満足度に影響を与えるのではなく，その間で基本属性が結婚満足度を高くしたり，低くしたりする作用をもつ要因であるという仮説を立て，基本属性

の調整効果の有無を検証する.

独立変数として,日頃から何かと頼りにし親しくしている,夫方親族関係の有無,妻方親族関係の有無,近隣関係(台湾人)の有無,近隣関係(日本人)の有無,職場・近隣以外の友人(台湾人)の有無,職場・近隣以外の友人(台湾居住の日本人)の有無,職場・近隣以外の友人(日本居住の日本人)の有無の7変数を用い,媒介変数として,居住年数(7年未満／7年以上),妻の職業(専業主婦／有職),夫の職業(自営業／常用雇用者)の3変数を用いる.これらすべての組み合わせ21パターンと,従属変数である夫と妻の結婚満足度(2変数)との組み合わせ,合計42パターンで二元配置の分散分析を行う.結婚の満足の程度を質問した項目の選択肢については,前述の一元配置の分散分析同様,それぞれを得点化した.

(2) 分析結果

二元配置の分散分析の結果,基本属性の調整効果がみられたのは,42パターンのうち3パターンで,夫の結婚満足度に対する,妻が日頃から何かと頼りにし親しくしている夫方親族の有無と夫の職業との関連([$F = 5.20$, $p<.01$],夫方親族の主効果 $F = 4.87$, $p<.05$ ／夫の職業の主効果 $F = 10.77$, $p<.01$ ／交互作用 $F = 0.83$, $p = ns$),夫の結婚満足度に対する,妻が日頃から何かと頼りにし親しくしている台湾人の友人の有無と夫の職業との関連([$F = 6.09$, $p<.001$],台湾人の友人の主効果 $F = 7.81$, $p<.01$ ／夫の職業の主効果 $F = 11.84$, $p<.001$ ／交互作用 $F = 0.32$, $p = ns$),および妻の結婚満足度に対する,妻が日頃から何かと頼りにし親しくしている夫方親族の有無と夫の職業との関連([$F = 4.59$, $p<.01$],夫方親族の主効果 $F = 5.90$, $p<.05$ ／夫の職業の主効果 $F = 4.05$, $p<.05$ ／交互作用 $F = 4.40$, $p<.05$)であった.これらの統計的に有意であった3パターンを図4-1から図4-3に示す.

図4-1「妻が親しくしている夫方親族の有無と夫の職業が夫の結婚満足度

夫
の
結
婚
満
足
度

━■━ 夫・自営業　　　━▲━ 夫・常用雇用者

横軸: 妻が親しくしている夫方親族の有無（無／有）

図4-1　妻が親しくしている夫方親族の有無と夫の職業が夫の結婚満足度におよぼす効果

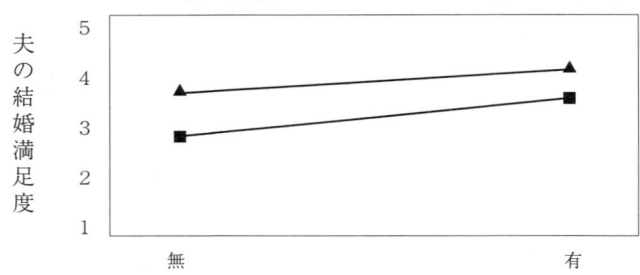

夫
の
結
婚
満
足
度

━■━ 夫・自営業　　　━▲━ 夫・常用雇用者

横軸: 妻が親しくしている台湾人の友人の有無（無／有）

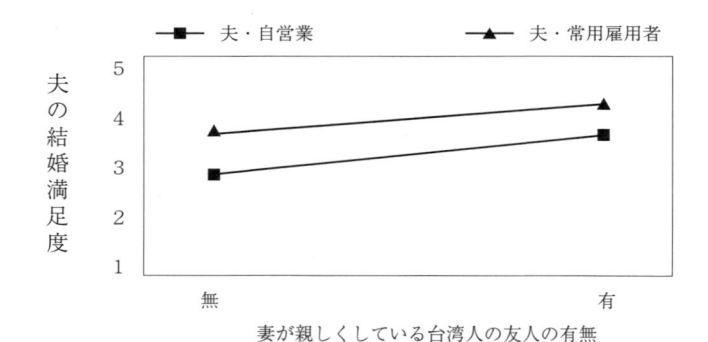

図4-2　妻が親しくしている台湾人の友人の有無と夫の職業が夫の結婚満足度におよぼす効果

妻
の
結
婚
満
足
度

━■━ 夫・自営業　　　━▲━ 夫・常用雇用者

横軸: 妻が親しくしている夫方親族の有無（無／有）

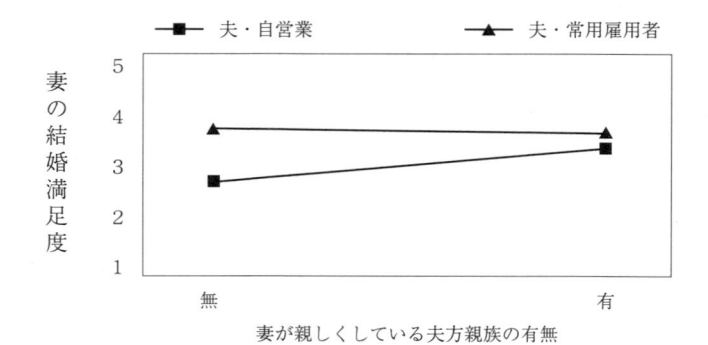

図4-3　妻が親しくしている夫方親族の有無と夫の職業が妻の結婚満足度におよぼす効果

におよぼす効果」から明らかなように，夫の結婚満足度がもっとも高いのは，親しくしている夫方親族が妻におり，夫が常用雇用者の場合であり，夫の結婚満足度がもっとも低いのは，親しくしている夫方親族が妻におらず，夫が自営業の場合である．親しくしている夫方親族が妻にいる，いないにかかわらず，夫が常用雇用者の方が自営業よりも夫の結婚満足度が高い．

　夫の結婚満足度を規定するもうひとつのパターンは，図4-2が示すように，妻が親しくしている台湾人の友人の有無と夫の職業との関連であり，夫の結婚満足度がもっとも高いのは，親しくしている台湾人の友人が妻におり，夫が常用雇用者の場合であり，夫の結婚満足度がもっとも低いのは，親しくしている台湾人の友人が妻におらず，夫が自営業の場合である．親しくしている台湾人の友人が妻にいる場合もいない場合も夫が常用雇用者の方が自営業よりも夫の結婚満足度が高い．

　また，妻の結婚満足度を規定するのは，妻が親しくしている夫方親族の有無と夫の職業との関連である．図4-3からわかるように，妻の結婚満足度がもっとも高いのは，親しくしている夫方親族が妻におらず，夫が常用雇用者の場合であり，妻の結婚満足度がもっとも低いのは，親しくしている夫方親族が妻におらず，夫が自営業の場合である．親しくしている夫方親族が妻にいる，いないにかかわらず，夫が常用雇用者の方が自営業よりも妻の結婚満足度が高い．

(3) 検　　討

　基本属性の調整効果が認められた3パターンすべてにおいて，媒介変数は夫の職業であり，夫が自営業よりも常用雇用者の方が夫と妻の結婚満足度が高い．その理由のひとつとして，夫方親族との関係を挙げることができる[15]．台湾の企業は98％が中小企業であり[16]，家族・同族企業が多い．その典型的な組織形態は，親への服従を基本に，親を中心とした，親族による放射状組織である[17]．χ^2検定の結果，本調査対象者の住まいからもっとも近い夫方親族の住まいまでの

車での所要時間（30分未満／30分以上）と夫の職業（自営業／常用雇用者）との関連は認められなかったが，妻が夫方親族と会ったり連絡を取ったりする頻度（週に1回以上／月に3回以下）と夫の職業との関連は認められ，週に1回以上，夫方親族と会ったり連絡を取ったりしていると回答したのは，夫が常用雇用者の場合は25.8％であるのに対し，自営業の場合は37.5％であった（p<.05）．すなわち，夫方親族との物理的な距離に関係なく，夫が自営業の妻は，家族従業者であるケースも含め，常用雇用者の妻よりも頻繁に夫方親族に会ったり連絡を取ったりしているのである．それにより，情緒的・実用的サポートを夫方親族から受けることができるという利点も考えられるが，2(4)「検討」で述べたように，「夫方親族とのつき合いに関することで夫婦の間に問題が生じることがある」と本調査対象者の過半数が答えていることや，妻が「台湾に渡った当事，大変だったこと」（複数回答）では，言葉（87.7％），習慣の違い（77.4％）に次いで夫方親族との関係（52.7％）が挙げられ，「現在，台湾での生活で大変なこと」（複数回答）でも，言葉（39.0％），習慣の違い（28.8％）に次いで夫方親族との関係（25.3％）が挙げられていることから，夫方親族とのつき合いが妻にとって負担となり，それが夫婦間の葛藤につながることもあると考えられる．

　以上のことを考えあわせると，夫が自営業の妻の方が，夫が常用雇用者の妻よりも夫方親族と会ったり連絡を取ったりする頻度が多いため，妻がネガティブなサポートを受ける機会も多く，夫婦間に葛藤が生じて結婚満足度が低くなると解釈できる．

　また，夫が自営業の場合も常用雇用者の場合も，親しくしている夫方親族や台湾人の友人が妻にいる方が夫の結婚満足度が高くなることから，夫は妻が，夫方親族や台湾人の友人と積極的に交流をもつことを期待していることがわかる．さらに，親しくしている夫方親族が妻にいれば，彼らから受けるサポートにネガティブな部分が少ない，あるいはネガティブなサポートが少ないからこそ親しくしている夫方親族が妻にいると考えられ，夫の結婚満足度がより高く

なる.

　その一方で,妻の結婚満足度に対して夫の職業は,夫の結婚満足度の場合と別の意味をもつ.親しくしている夫方親族の有無と夫の職業との間に交互作用が認められることから,親しくしている夫方親族が妻にいるかいないかで妻の結婚満足度が異なる一方,親しくしている夫方親族が妻にいる場合といない場合とでは,夫の職業のもつ意味が異なることが看取される.これを夫方親族の有無と夫の職業の主効果とあわせて考えると,夫が自営業の場合には,親しくしている夫方親族が妻にいる方が妻の結婚満足度が高くなるが,夫が常用雇用者の場合には,親しくしている夫方親族が妻にいない方が妻の結婚満足度が高くなる.

　その理由として,夫の職業による夫婦間の親密なネットワーク共有度の違い[18]が挙げられる.妻がもっとも親しくしている世帯外の3人のうち1人以上と夫を交えてつき合っていると回答したのは,夫が常用雇用者の場合32.1%であるのに対し,夫が自営業の場合は48.1%と高い（p<.01）.このことから,夫が自営業の方が常用雇用者よりも,親密なネットワークを夫婦で共有していることがわかる.また,夫が自営業の場合には,妻も家族従業者としてその仕事に携わっていることが多いと考えられ,夫方親族関係をはじめとするネットワークを夫と共有することが,夫が常用雇用者の妻よりも重要であると解釈できる.他方,夫が常用雇用者の場合には,親しい交友関係が夫婦間で分離される傾向があるため,夫方親族との関係におけるネガティブな面が表出しやすいと考えられる.

4　妻の社会的ネットワークの内容と結婚満足度との関連

(1)　分析方法

　妻の社会的ネットワークの内容と,夫および妻の結婚満足度との関連を検証するために,独立変数として日本人妻の社会的ネットワークの内容を,従属変数として夫と妻の結婚満足度を用いて χ^2 検定を行う.妻の社会的ネットワー

クの内容に関しては，情緒的サポートと実用的サポートの9項目について，夫方親族，妻方親族，近隣，職場・近隣以外の台湾人の友人，台湾に居住する日本人の友人，日本に居住する日本人の友人のなかから該当するものを複数回答で答えてもらった．情緒的サポートについては，① 心配事や悩みを聞いてくれる人，② 能力や努力を評価してくれる人，③ 落ち込んだときに慰めてくれる人，④ 行動や考え方に理解を示してくれる人，⑤ 一緒に行動して楽しい人，⑥ 一緒にいると気持ちが安らぐ人の6項目を，実用的サポートについては，⑦ 病気やケガで寝込んだときに看病を頼める人，⑧ 1週間家族全員で家をあけるときに留守の世話を頼める人，⑨ 買い物などに行くときに車に乗せてもらったり，日常のちょっとしたものを借りたりできる人の3項目を設定した[19]．日本に居住する妻方親族および友人からは，対面的な接触が必要な実用的サポートの入手が不可能あるいは困難であるとの判断から，情緒的サポートに関する質問のみを行った．従属変数となる結婚満足度については，「満足」[20]，「どちらともいえない」，「不満」[21]の3群に分けて分析を行う．

(2) 分析結果

χ^2 検定の結果を表4-3「妻が社会関係からサポートを入手できる人の有無と結婚満足度との関連」に示す．夫の結婚満足度を規定するのは，夫方親族から妻が受ける情緒的・実用的サポートと，近隣から妻が受ける実用的サポートであり，心配事の相談，能力や努力の評価，落ち込んだときの慰め，行動や考えを理解といった情緒的サポート，および看病や留守時の家の世話といった実用的サポートを妻が夫方親族から受けている方が結婚満足度が高く，妻が近隣の人に買い物などに行くときに車に乗せてもらったり，日常のちょっとしたものを借りたりしている方が結婚満足度が高い．

妻の結婚満足度を規定するのは，夫方親族から受ける実用的サポートと，職場・近隣以外の台湾人の友人から受ける情緒的サポートであり，病気やケガで寝込んだときに夫方親族に看病を頼める方が結婚満足度が高く，心配事の相談

表4-3 妻が社会関係からサポートを入手できる人の有無と結婚満足度との関連

	心配事の相談	能力や努力を評価	慰め	行動や考えを理解	楽しみ	安らぎ	看病	留守時の家の世話	サービス入手
(夫の結婚満足度)									
夫方親族	8.00*	8.61*	7.21*	6.04*	2.56	1.31	8.04*	7.86*	3.34
妻方親族	1.67	2.50	3.90	1.94	0.37	0.55	1.47	—	—
近隣	1.62	1.44	1.47	3.74	0.73	0.52	—	0.16	6.19*
職場・近隣以外の友人									
台湾人	2.06	3.73	0.41	1.90	5.85	1.62	1.47	0.27	4.34
台湾居住の日本人	1.52	1.19	1.90	0.86	2.99	1.34	5.77	2.37	1.39
日本居住の日本人	1.18	4.19	1.81	0.75	0.52	3.13	—	—	—
(妻の結婚満足度)									
夫方親族	2.27	5.66	4.94	5.21	4.03	2.70	11.49**	1.08	0.78
妻方親族	1.14	0.32	0.86	1.22	0.53	2.85	—	—	—
近隣	4.14	1.51	0.78	1.74	3.12	0.27	1.70	0.30	1.80
職場・近隣以外の友人									
台湾人	6.53*	6.98*	3.98	5.29	6.22*	2.50	2.26	0.16	1.12
台湾居住の日本人	0.26	0.54	1.17	0.06	0.77	0.35	1.23	1.05	0.88
日本居住の日本人	0.39	0.52	0.08	0.12	3.55	1.74	—	—	—

注：数値はF値。χ^2検定の結果に基づく。
***$p<.001$, **$p<.01$, *$p<.05$

をしたり，能力や努力を評価してくれたり，一緒に行動して楽しい台湾人の友人がいる方が結婚満足度が高い．

(3) 検　　討

　夫の結婚満足度を規定する７つの要因のうち６つが，夫方親族から妻が受ける情緒的・実用的サポートである．台湾では核家族化が進んではいるが，大家族規範が強く存在しており，それは妻（嫁）が夫方の親族集団に組み込まれることを前提としている．そのため，妻が夫方親族と良い関係を築いていることが結婚生活を送るうえで重要となることから，妻が夫方親族からサポートを受け，親しい関係であることで夫の結婚満足度が高くなる．

　夫の結婚満足度を規定するもう１つの要因は，近隣からのサービス入手である．台湾では親族間の相互援助が一般的であることと，原住民以外は中国大陸からの移民であることもあり，日本のような地縁集団はあまり発達してこなかった．しかし，親族が近くに居住していない場合には，買い物などに行くときに車に乗せてもらったり，日常のちょっとしたものを借りたりするサービス入手が近隣関係によって補完され，妻が近隣からサポートを得られるほど地域社会に溶け込んでいることになり，夫の結婚満足度が高くなると解釈できる．

　妻の結婚満足度を規定する４つの要因のうち１つは，病気やケガで寝込んだときに，夫方親族に看病を頼める人がいることであり，より親密な関係を必要とする看病という実用的サポートを夫方親族から得られることで妻の結婚満足度が高くなる．

　しかし，夫方親族から情緒的サポートを受けることと，妻の結婚満足度との関連は認められず，台湾人の友人から受ける情緒的サポートが妻の結婚満足度を規定している．心配事の相談ができ，能力や努力を評価してくれて，一緒に行動して楽しい台湾人の友人の存在が，移住初期の段階では妻の台湾社会への適応を促進し，後には生活を充実させることで結婚満足度が高まると解釈できる．

5 考　察

本調査研究から以下の3点が明らかになった．

　第1に，夫の結婚満足度は，妻に台湾人の友人が多いほど高くなる一方で，妻に台湾居住の日本人の友人がいない方が高くなり，妻の結婚満足度は台湾人の友人が多いほど高くなることから，妻が日本人のネットワークよりも台湾人のネットワークのなかで生活することを妻自身よりも夫の方が強く望んでいることがわかる．

　第2に，妻が親しくしている夫方親族や台湾人の友人の有無と結婚満足度との間で，夫の職業が調整効果として作用し，夫の結婚満足度がもっとも高いのは，親しくしている夫方親族や台湾人の友人が妻におり，夫が常用雇用者の場合であり，夫の結婚満足度がもっとも低いのは，親しくしている夫方親族や台湾人の友人が妻におらず，夫が自営業の場合である．その理由として，妻が夫方親族や台湾人の友人と良い関係を保ち，台湾社会に溶け込むことを夫が期待していることと，夫が自営業の妻は，家族従業者であるケースを含め，夫が常用雇用者の妻よりも夫方親族と会ったり連絡を取ったりする頻度が多いため，妻がネガティブなサポートを受ける機会も多く，夫婦間に葛藤が生じやすいことが挙げられる．

　一方，妻の結婚満足度がもっとも高いのは，親しくしている夫方親族が妻におらず，夫が常用雇用者の場合であり，妻の結婚満足度がもっとも低いのは，親しくしている夫方親族が妻におらず，夫が自営業の場合である．その理由は夫婦のネットワークの共有と分離から説明づけられる．夫が自営業の場合には，妻は夫とネットワークを共有する傾向がみられ，また，このことが仕事や生活に直接かかわってくるため，親しくしている夫方親族がいる方が結婚満足度が高いが，夫が常用雇用者の場合には親しい交友関係が夫婦間で分離される傾向がみられるため，夫方親族との関係においてネガティブな面が表出しやすく，妻の結婚満足度が低くなる．

第3に，夫の結婚満足度は妻が夫方親族から受ける情緒的・実用的サポートによって規定されることが多い．本調査対象は，妻が30代と40代の核家族世帯に属するカップルであるが，大家族規範が強く生きている台湾社会で生まれ育った夫にとって，夫方親族から妻がサポートを得られるほど良い関係を築いていることが結婚生活の満足につながるといえる．一方，妻の結婚満足度は台湾人の友人から受ける情緒的サポートによって規定されることが多い．妻にとっては心の通じあう台湾人の友人をもつことが，移住初期の段階では台湾社会への適応を促進し，後には生活を充実させることで，結婚生活の満足につながると考えられる．

注
（1） 月数を切り上げて換算した．
（2） 月数を切り上げて換算した．
（3） 会社員，公務員，専門職を含む．
（4） 本調査対象の妻のうち，専業主婦は57.5％と過半数を占めているため，職場仲間関係数を独立変数から外した．共働きが一般的な台湾において，日本人妻に専業主婦が多い理由は，第3章注(4)を参照されたい．
（5） 田嶋淳子「日中間における国際人口移動と社会的ネットワークの形成過程」『淑徳大学研究紀要』第30巻1号，1995年，pp.187-188
（6） 川浦康至・池田政子・伊藤裕子・本田時雄「既婚者のソーシャルネットワークとソーシャルサポート──女性を中心に──」日本心理学会編『心理学研究』第67巻4号，1996年，p.333.
（7） 木村真理子「カナダの日系女性移住者のソーシャルサポートとソーシャルネットワーク──日本における国際社会福祉研究の課題──」『日本社会福祉実践理論学会研究紀要』4号，1996年，p.39.
（8） 拙著『国際結婚の社会学』学文社，2000年，pp.135-136
（9） Walker, K. N., A. MacBride and M. L.S. Vachon, "Social Support Networks and the Crisis of Bereavement," *Social Science & Medicine*, No. 11, 1977, pp. 35-36.
（10） 木村真理子，前掲論文，p.39
（11） 菅谷よし子「地理的移動と第一次関係の形成」現代社会学会議編『現代社会学』第7巻2号，講談社，1980年，p.82

(12) Keller, S., *The Urban Neighborhood*：*A Sociological Perspective*, Random House, 1968, pp. 33-34. 菅谷よし子，前掲論文，pp. 83-84. 野邊政雄・田中宏二「地方都市における既婚女性の社会的ネットワークの構造」日本社会心理学会編『社会心理学研究』第10巻3号，1994年，p. 225. 野邊政雄「地理的移動が社会的ネットワークに及ぼす効果の研究——キャンベラにおける検証——」『岡山大学教育学部研究集録』101号，1996年，p. 51
(13) 野沢慎司「家族研究と社会的ネットワーク論」野々山久也・渡辺秀樹編『社会学研究シリーズ1　家族社会学入門——家族研究の理論と方法——』文化書房博文社，1999年，p. 176
(14) 手塚千鶴子「異文化を生きる——異文化適応と異文化コミュニケーション——」家庭事件研究会編『ケース研究』229号，1991年，p. 42
(15) このほか，収入という経済的レベルの問題や，就労の場所，就労時間，家族従業者としての妻の関与の度合いなど，さまざまな問題が絡んでいると考えられる．
(16) 杉岡碩夫『新台湾の奇跡』緑風出版，2001年，p. 29
(17) 瀬地山角「東アジア版イエ社会論へ向けて——家族の文化比較の可能性——」日本家族社会学会編『家族社会学研究』第9号，1997年，pp. 17-18
(18) 野沢慎司「社会的ネットワーク」財団法人家計経済研究所『現代核家族の風景——家族生活の共同性と個別性——』2000年，p. 114
(19) 質問項目は，野邊政雄と野沢慎司の先行研究を参考にして設定した．野邊政雄「高齢女性の社会的ネットワークとソーシャルサポート——世帯類型と年齢別分析——」ソシオロジ編集委員会編『ソシオロジ』第42巻2号，社会学研究会，1997年，pp. 65-85. 野沢慎司，前掲論文，2000年，pp. 105-127. pp. 228-229
(20) 「たいへん満足」と「ほぼ満足」を「満足」とした．
(21) 「かなり不満」と「やや不満」を「不満」とした．

第5章　台湾のテレビドラマ「家有日本妻」にみる日台結婚

台湾に嫁いだ日本人女性を主人公にしたドラマ「家有日本妻」が，2003年4月21日から台湾のテレビ局，民視電視公司で月曜から金曜まで毎晩9時35分から30分間放送されている．

　「家有日本妻」では，日本人女性が台湾人男性と結婚し，姑や義弟と同居しながら，文化や習慣の違い，嫁姑関係などの問題を明るく克服していく様子が描かれている．日本人妻の言動はデフォルメされたところがあるが，姑が期待する嫁役割，息子の孝行，台湾社会における面子，日本人のステレオタイプなどは，リアルにかつわかりやすく描かれているため，2003年6月末までの放送分を考察する．

1　主な登場人物

　日本人妻，神野櫻花（28歳）は日本で生まれ育ち，大学を卒業後に台湾にやって来て，夫となる林家安と知り合ったという設定である．櫻花の父は華僑であり，日本でドーム球場とホテルを経営する実業家である．裕福な家庭で育った櫻花ではあるが，幼いときに母親を亡くし，父と妹と3人で生活してきた．結婚後，文化や習慣の違いによるさまざまな問題に直面するが，それをものともしない櫻花の天真爛漫さがドラマ全体を和ませている．櫻花役を演じているのは，台湾で活躍する日本人女優，楊思敏で，台湾での知名度は高い．

　夫の林家安（36歳）は高校の国文の教師である．人に優しく，温厚で，少しお人よしのところがある，ごく平凡な台湾人男性である．櫻花といるときには櫻花を立て，とても大切にしてはいるが，非常に親孝行であるため，自分の意思よりも母の意思を尊重して行動している．10歳のときに父を亡くして以来，結婚するまでは，母と弟（家泰）の3人暮らしであった．

　家安の母の林陳桂英（58歳）は，夫が他界してからは家庭科の教師として生計を立て，長男の家安を大学院，次男の家泰を大学まで出した．現在は退職し，老人ホームで生け花を教えている．姑は元教師であることからインテリ層に属

し，経済的にも余裕のある生活を送ってきたことがうかがえる．また，面子を重んじる台湾社会であるが，特に姑は面子を大切にしている．

2　ドラマの分析

(1) 結婚に対する親の反対

　ドラマは，林家安の結婚に母が大反対するところからはじまる．反対の理由は，櫻花が日本人であることに起因している．家安の母は，「彼女は台湾人じゃないから習慣が違う．中国語が上手くないし，台湾語は話せないそうじゃない．これから一緒に住んで，どうやってコミュニケーションをとれっていうの」と反対理由を述べている．

　結婚に反対する母親の説得を買って出たのは，家安の弟の家泰である．「日本人のお嫁さんはいいよー．いくらお母さんが嫁いびりをしても，お母さんの言うことを全部聞き入れて，我慢するだろうしね」という．この家泰の言葉のなかに，日本人女性に対するステレオタイプが含まれている．NHKの連続テレビドラマ「おしん」が1993年に台湾で大流行して以来，日本人女性は「耐える女性」という見方が台湾で定着した．10年たった今でも，そのイメージが払拭されておらず，それを暗に期待されているところもある．また，戦前の日本人女性を実際に見ていた台湾の人々は，貞淑な日本人女性というイメージを今でももち続けているようである．

　母親の機嫌に息子たちは翻弄されるが，続いて本人である家安が次のように説得をはじめる．「僕にはこの世でもっとも大切な人が2人います．1人はお母さん，もう1人は櫻花です．だからお母さんには是非，僕たちの結婚に賛成してもらいたいのです」．このシーンから，非常に母親を大切にする息子の姿が見て取れる．これに対して母は，「私は賛成しないとは言っていない．でもまずは占ってもらいましょう」と言い，占い師のところに家安と櫻花を連れて行く．占いの結果は良縁と出るが，これは家安の弟が事前に占い師に現金を渡して頼んであった，仕組まれたものだった．もっともこれに対する報酬を弟は

兄に要求しているのである．

　占いで良縁と出てもまだ賛成する気持ちになれない母に家安は，次のように語る．「僕はずっとお母さんのそばにいるつもりだったけど，彼女と会ってからは，結婚せずに子どもをもたないことが親不孝だと考えるようになったんだ．お母さんは孫の顔も見たいでしょ．習慣や言葉は違っても，これは問題じゃないと思う．櫻花はお母さんの言うことをよく聞くし，林家のいいお嫁さんになれるはずだ．櫻花を見ているとお母さんを見ているように感じることがあるんだよ．似ているところがあるんだ．でも，どうしても僕たちの結婚に賛成してくれないと言うのなら，結婚を諦めます」．この言葉でついに母親も折れることになる．

(2) 姑が期待する嫁役割

　家安と櫻花の結婚が決まると，姑はまず，「どうやってあの日本人を台湾の嫁として教育していこうか」と考える．ここに，息子の嫁ではなく，「うちの嫁」という意識の強さがあらわれている．次に姑が考えるのは自分の老後である．そこで櫻花に，「私は老人ホームで生け花を教えているの．でも仕事をしながら，将来，老人ホームに入るならどこがいいだろうかって探してもいるのよ．そうしたら息子たちに迷惑をかけなくてすむし……．あなたはどうすれば台湾のいいお嫁さんになれるかわかってるわよね」と自分の老後の世話を息子夫婦に期待していることをほのめかす．高齢者が老人ホームに入ること自体一般的ではないが，姑は将来，老人ホームに入りたくないという意思表示をしているのである．

　結婚後のある日，櫻花は外で仕事がしたいと言い出し，仕事をはじめる．昼食は家政婦が用意をしてくれるが，櫻花がいないのでひとりで食べなければならない．姑は，「まるで老人ホームのようだわ．朝食もひとり，昼食もひとり，夕食の時間には帰ってきたり，来なかったり．これじゃ，何のために嫁をもらったのかわかりゃしない」と苛立つ．

以上のような，姑が櫻花に期待する役割は，姑の世代の人々が嫁の立場であったときに期待されていた嫁役割である．共働きが一般的となった現在では，高齢者介護が家族機能から失われつつあり，家庭介護の担い手は，嫁，妻といった女性家族員から，フィリピン人やインドネシア人の住み込みの家政婦へと移行している(1)．著者が行った調査でも，日本人妻が夫の親の介護を期待されていることはなく，ましてや家政婦を雇う代わりに日本人女性と結婚するという考えもない．ドラマでは，かつて台湾に存在していた嫁役割に，「日本人妻は貞淑で，従順である」というステレオタイプが結びついた結果，櫻花への期待として描かれたのではないかと推測される．

　しかしながら，国際結婚斡旋業者の仲介によって台湾人男性と結婚した東南アジア人女性たちの多くには，上記のような役割が期待されている．台湾が経済成長を遂げ，民主化が進行した1990年代以降，国際結婚斡旋業者の仲介によって東南アジアの女性と結婚する台湾人男性が急増している．その多くは，低所得者，農業従事者，単純労働者であり，林家のような家庭とは結びつかないが，日本人妻という設定のなかに，東南アジア出身の妻への役割期待を盛り込んだとも考えられる．

(3) 息子の孝行

　家安は幼いころに父を亡くしたという設定であるが，台湾において両親が健在であっても息子は母親を非常に大切にしている．

　ある日，ホテルで母が足を滑らせてプールに転落すると，自分が泳げないことも忘れて，櫻花がまずプールに飛び込んだ．ふたりが溺れている姿を見た家安は慌ててプールに飛び込み，櫻花よりも先に母を助けようとする．しかし，家安も泳ぐことができないため溺れかかる．最終的に弟の家泰が母を助けるのであるが，それまでに8人がプールに飛び込むことになる．

　「櫻花，助けなくてごめん」と謝る家安に，櫻花は，「いいの．お母さんを先に助けるのは当たり前のことよ．あなたは先にお母さんを助けて，その後で私

を助けてくれると思っていたから」と笑顔で答える．母と妻の両方が溺れかかっているときに，母を先に助けることが台湾における「孝順」の証であり，それが理解できる嫁を台湾社会は期待している．

　台湾では，「母と妻が海で溺れていたら，どちらを助けるか」と昔からよく言われている．模範解答は，「母を助ける」である．現実にどうするかは，さまざまであろうが，母を思う気持ちが深いことに加え，母を助けることで面子が立つのである．

⑷　台湾における日本人のステレオタイプ

　ある日，櫻花が市場に買い物に行くときに，「環保袋」（ファンバオダイ＝環境を守るために繰り返して使用する買い物袋）を持って行くようにと姑に言われるが，それを発音の似ている「紅包袋」（ホンバオダイ＝祝儀袋）と間違えて戸惑う．「環保袋」であることがわかると，櫻花はブランドの洋服に着替え，ブランドの旅行バッグを持ってスーパーに買い物に出かけようとする．日本人はブランド品が好きだという台湾におけるステレオタイプ的な見方がここにあらわれている．姑は，「そんなきれいな格好でスーパーに行くとスリにあうかもしれないよ」と心配するが，櫻花は「大丈夫」と言って家を出る．

　櫻花はまず，スーパーに行くためにタクシーに乗り，スーパーに着くと，何を見ても安い，安いと言って9,600元（約33,600円）もの買い物をする．スーパーのレジに並んでいる人たちは櫻花を見て，「あの日本人すごい．お金持ちのお嬢さん？『おしん』のドラマを見たことがないのかしら？」と囁き合い，「おしん」と櫻花のギャップの大きさに愕然とする．このシーンのなかに買い物好きの日本人像と，貧しさに耐え忍ぶ「おしん」像という，台湾人がもつ日本人のイメージの両極がうかがえる．

　櫻花が買ってきた品々を見て，姑は苛立つ．「ねぎが10元（約35円）もしたなんて，どこで買って来たの？しかもこんなにたくさん．日本の高いお刺身や日本酒まで買って来て……．節約が大切なのよ．家安の給料は安いのよ．こん

な調子じゃ，金山を持っても，銀山を持ってもすぐに使い切っちゃうわね」という姑に，櫻花は「日本には金さんと銀さんがいますよ．富士山もあるし」と，的はずれな発言をし，姑をあきれさせる．一事が万事このような調子なので，姑が何をいっても暖簾に腕押し，喧嘩にはならない．

　著書が行ったインタビュー調査でも，台湾での居住年数が短い日本人妻たちは，「義母の言うことのすべてが理解できるわけではないから衝突することはない」，または「言葉が理解できても，理解できないふりをすることで事態が深刻化することを避けることができる」など，夫の親とコミュニケーションが十分にとれないことに対するデメリットよりもメリットの方が多く聞かれた．

(5) **姑の倹約精神**

　前述のように，林家では姑が教師であったため，家安が子どもの頃から経済的に余裕があったと考えられるが，姑のモットーは「倹約」である．経済的なゆとりはあるが，倹約家だと言われるのは，姑の世代によく見られるタイプである．

　ある日，自宅で姑が生け花をしているときに，テーブルに水をこぼしてしまった．これを櫻花はティッシュで拭こうとすると姑は，「拭くときには抹布（モープー＝雑巾）を使いなさい．ティッシュを使わないで．ティッシュは高いのよ．倹約することをまったく知らないのね」と戒める．しかし櫻花が持ってきたのはモップであり，母は絶句する．中国語が上手くない櫻花は，「抹布」をモップと間違えてしまったのである．

　姑の倹約精神は次第に櫻花の身に付いてくる．市場では捨てられた野菜をもらってきたり，うまく値切ることができるようになり，スーパーで買い物をする際にも，値段を見て，安い物を選ぶようになった．ところが，食事をつくっても品数が少なく，野菜や豆腐のみで魚や肉は食卓に並ばないほどにまで徹底してきた．「櫻花が家族のために倹約していることはわかっているけど，それはちょっとやりすぎだと思うわ．うちは満足に食べることもできないぐらい貧

しいと人から見られてしまうじゃない（面子が立たない）．最低限のものは食べないと……．あなたはうちの『おしん』になってしまったのね」と複雑な面持ちで語る．

(6) 櫻花の本音
　櫻花の本音は，日本からやって来た妹の瞳とのやり取りのなかからうかがい知ることができる．櫻花の父親が心配して，瞳を台湾に向かわせた．父が経営する神野企業の台湾支社をつくり，瞳をそこの責任者にしたのである．「お父さんが，もし，誰かがお姉ちゃんのことをいじめるようだったら，すぐ日本に連れて帰って来いって言ってたよ」と言い，頻繁に林家に出入りするようになる．

瞳：「どうして（日本の）お父さんのお金を使っちゃいけないの？」
櫻花：「もちろん私はお父さんの娘よ．でもね，ふたりが一緒になるっていうことは，お互いの生活環境も理解しないといけないの．家安はね，昔からお母さんとコツコツとお金を貯めてきたのよ．それを私が突然入ってきて勝手に変えるわけにはいかないのよ」．
瞳：「お姉ちゃん，かわいそう．お姉ちゃんが無理して合わせるなんて，それもおかしいんじゃない？」
櫻花：「私，おかしいとは思わないよ．だって，ふたりとも私をすごくかわいがってくれるんだもん．一番大事なのは，お互い理解し，譲り合うこと．私の今の気持ちは瞳が結婚したらわかるわよ……．大丈夫」．

　このドラマで，櫻花は「大丈夫」ということばを常に口にしている．何かあると，「大丈夫」と笑顔で明るく言いながら，立派な林家の嫁になろうと努力しているのである．

3 考　察

　何故，この時期に「家有日本妻」というタイトルのドラマが放送されているのか，その背景として次の2点が考えられる．第1に，戦前から続く親日・知日と，1990年代以降の「哈日」（日本ブーム）に加え，日本人妻は台湾に定住する外国人妻の典型であり，民族的・文化的に似ているようで違う台湾人と日本人の結婚として，視聴者が親しみを感じるドラマになりやすいという点である．
　台湾人男性と欧米人女性との結婚の場合，日本人女性との結婚に比べると数的に少ないうえ，妻の国で定住しているケースが多い．また，文化的差異が大きく，視聴者が親しみを感じるドラマになりにくいと考えられる．台湾人男性と東南アジア人女性との結婚は近年急増しているが，その多くは国際結婚斡旋業者の仲介によって低所得者，農業従事者，単純労働者などに嫁いでいる．幸せに暮らしているケースもあるが，生活苦，台湾社会への妻の不適応，ドメスティックバイオレンスなどの問題も多く，社会問題となっているため，この組み合わせは深刻なドラマになる可能性が高い．そこで，視聴者が親しみをもてる明るいホームドラマにするために日本人妻という設定になったと考えられる．
　第2に，政治的な背景である．このドラマを放送している民視電視公司は民進党（民主進歩党）系のテレビ局で，「台湾本土色」を売り物にした番組作りをしている．2004年3月に総統選挙が控えている関係から，親日・知日家が多いといわれる本省人の中高年層の視聴者をひきつけ，ひいてはその票を獲得するために，親日を強調して，「日本人妻」となったとも考えられる．
　このドラマのタイトルが「我有日本妻」ではなく，「家有日本妻」であるのは，台湾において結婚が個人の問題ではなく，家の問題であることを象徴していることと，このドラマが姑の立場にある中高年層をターゲットにしてつくられているためであろう．
　このドラマに対する日本人妻たちの反応はさまざまであり，「日本人妻がいる家庭や夫たちが友人から，何かというと『家有日本妻』と冗談を言われてい

ます.これは日本人妻への親しみの表われのように思えます」という30代の女性がいる一方,「ドラマのなかで,東南アジアの花嫁に任せるような役割を日本人に期待しているところがある」と不快感を示す30代の女性もいる.

本稿では,2003年6月末までの放送分から考察を行ったが,姑からは次第に,「孫の顔を早く見たい」という要求が強くなってきている.

注
（1）詳しくは第2章3(3)(a)「夫方親族との関係」を参照されたい。

II 日本における国際結婚

第6章　外国人ムスリムと日本人女性の結婚
──結婚満足度の規定要因──

1980年代半ば以降，イスラーム諸国から強い円を求めて日本に働きにやって来る人々(1)が増えはじめ，その多くが20代から30代の男性の単身来日(2)であったこともあり，日本人女性との結婚が増加している(3)．

イスラーム(4)では，信者の女性が異教徒の男性と結婚することを禁止する一方，信者の男性がイスラームと同じ啓典の民（キリスト教徒・ユダヤ教徒）の女性と結婚することを認めている．しかし，国によって結婚の方式は異なり，イスラーム法の方式によらなければ結婚の成立を認めない国もあれば，イスラーム法の方式によらなくても結婚の成立を認める国もある(5)．後者の場合でも，イスラームでは信仰こそ家族規範の根幹をなすことから，ムスリムとの結婚に際してイスラームに改宗することが望ましいとされている(6)．そのため，日本人女性がムスリムと結婚する場合，イスラームに改宗することが前提となるが，イスラームは他の宗教に比べて日常生活の細部にわたって規制する傾向が強いので(7)，妻のイスラームへの適応が問題となる．

そこで本章では，妻がイスラームに適応している場合としていない場合とでは，結婚満足度がどの程度異なるのかについて考察する．また，改宗したことで妻方親族との関係が変化するほか，イスラームは親族を非常に大切にする宗教であるため，夫方親族との関係も夫婦の生活に深くかかわってくる．これらのことから，夫婦双方の親族との関係と結婚満足度との関連についても検証する．

1　調査の概要

本調査は，イスラミックセンタージャパン，池袋モスク，磐田モスク，名古屋モスク，神戸モスクの協力を得て，東京都，千葉県，埼玉県，神奈川県，静岡県，愛知県，京都府，大阪府，兵庫県に居住する外国人ムスリムと日本人女性のカップルを対象に，1999年10月から11月にかけて著者が郵送法で行ったものである．調査対象95カップルのうち有効回収数は61カップル（64.2%）であった．対象者がモスクに通う信者に限定されているため，分析データその

ものに偏りがある可能性がある．本調査研究の性格上，各地のモスクの協力を得なければデータを集めることが困難であり，また少ないサンプルについても今回の調査ではこれが限界であったが，外国人ムスリムと日本人女性の結婚の一端を見るうえでは意義があると考える．

2 データの特性

　有効回答61標本の夫の国籍は世界18か国におよび，その地域別の内訳はアジア83.6％(8)，アフリカ16.4％(9)である．夫の日本での居住年数はレンジ1-17(10)，x̄=7.3，SD=4.00，結婚年数はレンジ1-14，x̄=4.5，SD=3.67で(11)，夫ならびに妻の年齢は30代がもっとも多くそれぞれ全体の約半数を占め，20代がこれに続いている．夫の職業は常用雇用者が50.8％，自営業が42.6％で(12)，妻の職業は専業主婦が44.3％でもっとも多く，アルバイトが27.9％，常用雇用者が21.3％となっている．夫の学歴は中学・高校卒が32.8％，専門学校・短大卒が24.6％，大学卒が32.8％，大学院修了が9.8％で，妻の学歴は中学・高校卒が23.0％，専門学校・短大卒が47.5％，大学卒が27.9％，大学院修了が1.6％である．

　配偶者と知り合った国は，夫の国が4.9％，第三国が6.6％であるのに対し，日本は88.5％と最多である．日本でどのように知り合ったのかをたずねたところ，クラブ（ディスコ）や道などで声をかけた，またはかけられたがもっとも多く38.9％を占め，これに友人の紹介（24.1％），国際交流会（14.8％）が続いている．配偶者とどのように知り合ったのかと知り合った当時の職業との関係をみると，妻の職業はいずれにおいても常用雇用者がもっとも多いが，夫の職業には差異がみられる．クラブ（ディスコ）や道などで声をかけて，またはかけられて妻と知り合った当時の夫の職業は，アルバイトがもっとも多く33.3％を占め，常用雇用者が28.6％，自営業が23.8％であるが，友人の紹介で妻と知り合った当時の夫の職業は常用雇用者がもっとも多く61.5％を占め，これに学生（23.1％）が続いている．国際交流会で妻と知り合った当時の夫の職

業も常用雇用者がもっとも多く50.0%を占め，学生とアルバイトが25.0%ずつである．

3　分析方法

　夫と妻の結婚満足度を規定する要因を「イスラームへの妻の適応」と「親族との関係」に分けて検証する．「イスラームへの妻の適応」に関しては，① 礼拝（1日5回行っている＝1〈23.0%〉），② ラマダーン（毎年行っている＝1〈50.8%〉），③ 食事（イスラームの教義を守っている＝1〈59.0%〉），④ ヒジャーブ（常に着用している＝1〈31.1%〉）の4変数を，「親族との関係」に関しては，⑤ 調査を行った時点での，結婚に対する夫の親の反対（なし＝1〈94.7%〉），⑥ 調査を行った時点での，結婚に対する妻の親の反対（なし＝1〈64.3%〉），⑦ イスラームに対する妻の親の理解（あり＝1〈37.7%〉），⑧ 妻方親族の葬式・法事での合掌と焼香（行わない＝1〈65.6%〉），⑨ 夫方親族とのつき合いに対する妻の不満（なし＝1〈54.1%〉）の5変数を投入し，重回帰分析を行う[13]．従属変数となる結婚満足度については，満足の程度を質問した項目の選択肢を得点化し，「たいへん満足」を4点，「ほぼ満足」を3点，「やや不満」を2点，「かなり不満」を1点とした．

4　仮　　説

　本アンケート調査に先がけて，1999年4月から10月にかけて実施したインタビュー調査をもとに次のような仮説を立てた．対象者のプロフィールは付表6-1を参照されたい．まず，イスラームへの妻の適応と結婚満足度との関連について ① から ④ の仮説を提示する．これらの前提は以下の2点である．第1に，異なる宗教の者同士が結婚する場合，戒律の厳しい宗教が優位になる傾向があること．第2に，「夫が嬉しそうな顔をするからイスラームの教えを守っている」と妻の大半が語っていることと，「妻がよきムスリマ（イスラーム教徒の女性）であると（同国人の）仲間に自慢できる」と夫の大半が語って

いることから，妻がイスラームに適応していれば夫が満足をし，夫婦関係が円満になることで妻の結婚満足度も高くなると考えられることである．

仮説①：礼拝はイスラームの信仰の基幹である「六信五行」の「五行」のひとつで，イスラームでは1日5回の礼拝が義務づけられている．「1日5回お祈りをするということは，少なくとも1日5回は神のことを考えるということでしょ．これを毎日繰り返していたら，神の存在が身近に感じられるようになったんです．すると主人との距離も縮まった気がします」と語るA（妻）のように，礼拝を1日5回行っている妻の方が行っていない妻よりも結婚満足度が高い．

一方，B（夫）が「お祈りをしないと神様から離れてしまうから，絶対しなければいけません」と語るように，イスラーム教徒にとって義務である礼拝を妻が遂行することで夫の結婚満足度が高くなる．

仮説②：ラマダーンも礼拝同様「六信五行」の「五行」のひとつであり，イスラーム暦ラマダーン月の1か月間，暁から日没まで飲食を絶ち，身を慎むことが義務づけられている．

「うちには子供が3人いるんですが，3人の授乳中もラマダーンをしました．ラマダーン中は夫との一体感が増しますし，ラマダーンをしている方が身体の調子がいいです」と語るC（妻）や，「夫とは考え方も価値観も食べ物もすべて違うから接点が見い出せなかったんです．でもラマダーンを夫と一緒にすることで接点ができました」と語るB（妻）のように，夫とともにラマダーンを成し遂げることで夫婦の絆が深まり，結婚満足度も高くなる．

一方，夫の側は，B（夫）が「ラマダーン中は神様に一番近い状態だから毎日が喜びです．それを奥さんとできることは素晴しいです」と話すように，妻とともにラマダーンを行うことで夫の結婚満足度が高くなる．

仮説③：イスラームでは食事に関する様々な規制が存在し，代表的なものとして豚肉を食べることが禁止されているが，牛肉や鶏肉でもその屠殺方法が問題となる．コーランでは，アッラーの名を唱えて一気に頸動脈を切って処理

された肉以外は食べてはいけないとされている．日本ではイスラームで食べることを禁止していない肉はハラール食品店(16)でしか購入することができない．

「食事の規制があるから外食がしにくい」と話すD（妻）のほか，豚肉を食べることの禁止についてE（妻）は次のように語っている．「結婚式の前日に主人とイタリア料理を食べに行ったんです．前菜に生ハムが出てきて，主人が『これは何の肉だ？』って私に聞いたんです．それではじめて，生ハムが豚肉だって気がついたんですけど，私は『これが最後』と思って，主人が何か言う前に，口に押し込んで飲み込みました」．彼女はそれ以降，豚肉を食べていないという．このように，イスラームに改宗したことで食生活が大きく変わるが，結婚生活に満足しているからこそイスラームの教えに従った食生活を送ることができる．

一方，夫の場合は，「ムスリムにとってハラールフードを食べることは当り前のことです．つき合いはじめたときからこれだけは守ってほしいと言っていました」というF（夫）の話に代表されるように，妻が食生活に関するイスラームの教えを遵守しなければ夫の結婚満足度が低くなる．

仮説④：ヒジャーブとはムスリマが頭髪を隠すために覆う布のことである．国や地域によって差はあるが，イスラームでは女性は親族以外の男性の前で顔と手を除く全てを覆うべきであるとしている(17)．

日本において常にヒジャーブを着用することは，かなり勇気のいることであり，半端な気持ちではできない．G（妻）はヒジャーブを着用することについて次のように語っている．「ヒジャーブは私を守ってくれるものなんです．ヒジャーブは私にムスリマらしい振る舞いをしなければという自覚を常にもたせてくれますから」．また，H（妻）は「ヒジャーブをして歩いているとじろじろ見られますが，日本にもムスリマがいるんだというマイノリティのささやかな自己主張です」と話す．

衣服はアイデンティティの道具，つまり自分を表示したり，代弁してくれる小道具として機能すると言われているように(18)，ムスリマであることに誇りをも

ち，ヒジャーブを着用して生活している妻は，結婚生活にも満足している．

一方，夫の場合，妻がヒジャーブを着用して生活することを理想としてはいても，実際に期待している者は少なかった．E（夫）は「奥さんがヒジャーブをつけているから鼻が高いです」と語るものの，妻がヒジャーブをつけると言ったときには反対したという．「ヒジャーブは場所によって，つけたりはずしたりするものではないから，一度つけたら一生つけて生活しなければなりません．日本で住む限りそれは難しいことだから，奥さんがヒジャーブをつけると言ったときには反対したぐらいです」と語る．このように，夫に要求されてではなく，妻がヒジャーブを着用して生活することを自ら選ぶことで夫の結婚満足度も高くなる．

次に，親族との関係と結婚満足度との関連についての仮説を⑤から⑨に示す．これらの前提は，夫婦双方の親族が結婚後も夫婦に現実に，また精神的にかかわりをもち続けているため，親族との関係がうまくいっているかどうかは重要であり，このことが結婚満足度を規定するのではないかということである．

仮説⑤：A（夫）の父親（母親は他界）は「イスラーム教徒ではなく，しかも外国人と結婚するのは許せない．それでも結婚すると言うのなら第一夫人にパキスタン人の妻をもらい，日本人は第二夫人にしたらどうか」と言ったがA夫婦がこれに同意しなかったため，夫とともにパキスタンに里帰りした際にも，父親はA（妻）に会ってくれなかったという．また，I（夫）の実家のある村では結婚は親が決める習慣があるため両親は，「息子が自分で日本人の結婚相手を見つけてきたのでは世間体が悪くてこの村に住めなくなるから，絶対に訪ねて来ないでほしい」と言っているとのことである．D. ロマノが「長期的にみれば，結婚に対する両親の反対は当事者の葛藤や不信感を生じさせる」[19]と述べているように，親に結婚を認められていない場合，結婚満足度が低くなる．

仮説⑥：A（妻）は「両親は『外国人と結婚すると世間体が悪い』と言って，私が結婚したことを親戚や近所に秘密にしています．『人に知られる前に離婚してほしい』とも言っています」と語り，J（妻）は「『砂漠の民で，遊牧民族

の血が流れているムスリムと，農耕民族の血が流れている日本人との結婚がうまくいく筈がない』と言って，両親，特に父がいまだに反対しています」と語る．A夫婦，J夫婦とも親に結婚を認めてもらっていない現在の状況を快く思っていないことから，結婚が親に受け入れられていない場合，結婚満足度は低くなる．

　仮説⑦：一般的に日本人の多くは，馴染みの薄い宗教といえば，近年国内外で起こっている事件を思い起こし，恐ろしいものであると考えがちであるが，厳密には宗教の教えに対する怖れではなく，その前提である人生を疑ったり否定せざるをえないことに対する怖れである[20]．自分の娘が結婚を機に，日本でまだ馴染みの薄いイスラームに改宗したことに対して心を痛めている親がいる一方，イスラームのよさを理解して支援している親もいる．例えばK（妻）が「うちの親は私がイスラームの教え通りの生活をすることに協力的です．旦那さんは両親にも入信するように勧めているんですよ」と語るように，妻の親がイスラームを理解し協力的であれば，結婚満足度が高くなる．

　仮説⑧：イスラームでは偶像崇拝を禁止しているため，L（妻）は改宗したことで，6年前に他界した父親の仏壇や墓を拝むことができなくなり，L（夫）も「それはしてほしくない」と言っている．さらにL（妻）はそのことで母親や親族との摩擦が生じるのではないかと懸念している．このように，妻が夫の期待通りにイスラームの教義に従った生活をすることで夫の結婚満足度は高くなるであろうが，妻の結婚満足度は低くなる．

　仮説⑨：夫方親族とのつき合いに対する不満は，多くの日本人妻たちから聞かれた．「ムスリムは互いに兄弟であるから，他のムスリムを不当に扱ったり，見捨てたりはしない．同胞を助ければアッラーが自分を助ける．兄弟の心配事を解決してやれば審判の日[21]にアッラーが自分の心配事を取り除いてくれる[22]」とイスラームの教えにあるが，結婚に際して改宗した日本人妻の多くには理解し難いことらしい．

　「1度も会ったことのない主人の遠い遠い親戚が，『休暇で日本に来たから泊

めてほしい』と言って1か月間うちに滞在したことがあります．親戚といっても，日本人の常識からすれば赤の他人です．一体どこまでを親戚の範囲と考えればよいのか当惑します．そのことで喧嘩になることもあります」とG（妻）が語るほか，「うちでは節約に節約して生活しているのに，節約して貯めたお金がほとんど主人の実家に送られ，納得できないときがあります」とC（妻）が語るように，夫方親族とのつき合いに対して妻が不満を感じていれば結婚満足度は低くなる．

また，自国の親きょうだいに金銭面で援助をすることで自分の存在価値を見い出そうとしているJ（夫）のような例もある．「自分の親戚だから助けたいじゃないですか．それを反対されると寂しいです．どこに自分の居場所があるのかって……．日本にも家族があるし，向こうにも家族があるんだけど，こっちにいても外国人ですよね．向こうに帰ってもお客さんみたいな感じだし．自分のあり方が不安になることがあるけど，そういう風に向こうに頼られていると，離れていても向こうの家族の支えになっているということで自分が存在している意味がわかるんです」．こういった夫方親族への援助に対して妻が不満を感じているということは，夫のアイデンティティを否定することにもなるため，夫の結婚満足度が低くなる．

5 分析結果

夫および妻の結婚満足度は，レンジ1-4，夫の場合 $\bar{x} = 3.05$，$SD = 0.85$，妻の場合は $\bar{x} = 3.13$，$SD = 0.87$ と，夫婦ともに高い．

結婚満足度を規定する要因の検証に先立ち，夫と妻のイスラームの教義の遂行の相関関係を分析した．用いた変数は夫の場合，礼拝，ラマダーン，食事であり，妻の場合は礼拝，ラマダーン，食事，ヒジャーブである．その結果，0.1％水準で有意な相関が認められたのは，（夫）礼拝―（妻）礼拝，（夫）ラマダーン―（妻）ラマダーン，（夫）食事―（妻）食事であり，特に（夫）食事―（妻）食事は相関係数が0.9336で非常に強い相関を示している．このほか1％水準で

有意な相関関係にあるのは，(夫)礼拝—(妻)ラマダーンで，5％水準では(夫)食事—(妻)ヒジャーブである．夫がイスラームの教義を遵守していれば，妻も同様に遵守している傾向が見られる．

次に，この後の重回帰分析で用いる変数（礼拝，ラマダーン，食事，ヒジャーブ，結婚に対する夫・妻の親の反対，イスラームに対する妻の親の理解，妻方親族の葬式・法事での合掌と焼香，夫方親族とのつき合いに対する妻の不満）と基本属性（調査時の夫・妻の職業，結婚前の夫・妻の職業，夫・妻の学歴，結婚年数，夫・妻の父親の職業）および夫の国に移住する意思の有無のχ^2検定を行った．その結果，有意差が認められたのは90パターン中2パターンのみで，ラマダーン（毎年行っている／行っていない）と妻の学歴（短大卒以下／大学卒以上）の関連と，食事（イスラームの教義を守っている／守っていない）と調査時の妻の職業（有職／専業主婦）の関連であった．すなわち，「ラマダーンを毎年行っている」と答えた割合は，短大卒以下の妻が29.5％であるのに対し大学卒以上の妻は21.3％と低く（$p<.05$），「食事に関してイスラームの教義を守っている」と答えた割合は，有職の妻が24.6％であるのに対し専業主婦の妻は34.4％と高い（$p<.05$）．

結婚満足度の重回帰分析の結果は次の通りである．結婚満足度とイスラームへの妻の適応との関連については，表6-1「結婚満足度の重回帰分析—イスラームへの妻の適応」からわかるように，標準偏回帰係数（β）が有意であったのは，夫，妻とも①礼拝と④ヒジャーブであり，2変数とも，夫の場合は1％水準で，妻の場合は5％水準で有意であった．すなわち，妻が1日5回礼拝を行っているほど，ヒジャーブを着用しているほど夫と妻の結婚満足度が高くなることが看取された．他方，②ラマダーンと③食事は，夫および妻の結婚満足度と関連がなく仮説が立証されなかった．

ラマダーンは年に1度のことであり，調査を行ったのがラマダーン月ではなかったことから，対象者がラマダーンを日常的なこととしてとらえていなかったため，結婚満足度を規定しなかったと推測できる．また食事は，イスラーム

表6-1　結婚満足度の重回帰分析—イスラームへの妻の適応

夫の結婚満足度		(N = 61)
独立変数	標準偏回帰係数 β	相関係数 γ
① 礼拝（行っている＝1）	.6660**	.5147***
② ラマダーン（毎年行っている＝1）	.0311	.3535**
③ 食事（教義を守っている＝1）	−.2451	.0089
④ ヒジャーブ（着用している＝1）	.5793**	.4741***

$R^2 = .3689$　intercept = 2.5164　$F = 7.600$***　***$p<.001$　**$p<.01$　*$p<.05$

妻の結婚満足度		(N = 61)
独立変数	標準偏回帰係数 β	相関係数 γ
① 礼拝（行っている＝1）	.5593*	.4822***
② ラマダーン（毎年行っている＝1）	.1279	.3795**
③ 食事（教義を守っている＝1）	−.1799	.0497
④ ヒジャーブ（着用している＝1）	.5159*	.4473***

$R^2 = .3132$　intercept = 2.5815　$F = 6.383$***　***$p<.001$　**$p<.01$　*$p<.05$

の教義に従った食生活を妻が送っていることで夫婦関係が円満になり，夫婦双方の結婚満足度が増す一方，改宗するまでの食生活を大きく変えなければならないことが妻の結婚満足度を低くし，ひいては夫の結婚満足度を低くすることがあるため，有意差が出なかったと解釈できる．

親族との関係については，夫の結婚満足度を規定することが看取された．表6-2「結婚満足度の重回帰分析—親族との関係」からわかるように，標準偏回帰係数（β）に有意差が認められたのは，⑨ 夫方親族とのつき合いに対する妻の不満であり，夫方親族とのつき合いに対する妻の不満がないほど，夫の結婚満足度が高くなる．他方，⑤⑥ 結婚に対する親の反対，⑦ イスラームに対する妻の親の理解，⑧ 妻方親族の葬式・法事での合掌と焼香は結婚満足度と関連がなく，仮説が立証されなかった．

結婚に対する親の反対と結婚満足度との関連が認められなかったのは，親が

表6-2 結婚満足度の重回帰分析―親族との関係

夫の結婚満足度　　　　　　　　　　　　　　　　　　　（N = 61）

独立変数	標準偏回帰係数 β	相関係数 γ
⑤ 結婚に対する夫の親の反対（なし=1）	.2280	.0083
⑥ 結婚に対する妻の親の反対（なし=1）	.0333	－.0126
⑦ イスラームに対する妻の親の理解（あり=1）	.1690	.2103
⑧ 妻方親族の葬式・法事での合掌と焼香（行わない=1）	.1565	.1319
⑨ 夫方親族とのつき合いに対する妻の不満（なし=1）	.7288**	.4326***

R^2 = .2249　intercept = 2.2379　F = 2.844*　***$p<.001$　**$p<.01$　*$p<.05$

妻の結婚満足度　　　　　　　　　　　　　　　　　　　（N = 61）

独立変数	標準偏回帰係数 β	相関係数 γ
⑤ 結婚に対する夫の親の反対（なし=1）	.1468	.0197
⑥ 結婚に対する妻の親の反対（なし=1）	－.1701	－.1162
⑦ イスラームに対する妻の親の理解（あり=1）	.2011	.2358
⑧ 妻方親族の葬式・法事での合掌と焼香（行わない=1）	.0873	.0705
⑨ 夫方親族とのつき合いに対する妻の不満（なし=1）	.6548**	.3668***

R^2 = .1836　intercept = 2.5153　F = 2.340　***$p<.001$　**$p<.01$　*$p<.05$

結婚に同意していないことで結婚満足度が低くなるケースがあっても，それによって逆に夫婦の絆が強くなることもあるためであると解釈できる．

また，イスラームに対する妻の親の理解が結婚満足度を規定しなかった理由は，イスラームに対する妻の理解が得られないために結婚満足度が低くなることがある一方で，親の理解が得られない場合には，親の前で宗教色を出さないように努めているケースもあるからである．「普段はヒジャーブをしていますが，実家に行くときは近くで取ります．（ヒジャーブを指して）こんな格好の私を見たら両親はびっくりすると思うので心配をかけたくないんです」とM（妻）が語るように，イスラームに対する妻の親の理解が得られない場合でも，

宗教がらみの摩擦が生じないように努めている夫婦がいるため，結婚満足度に影響が出なかったと考えられる．

　妻が自分の親族の葬式や法事に出席して合掌や焼香を行うことに関しては，仮説で述べたL夫婦のような考え方もあるが，次に述べるN夫婦のような考え方もある．3年前に母親を亡くしているN（妻）は，「宗教だと考えずに慣習だと考えて合掌も焼香もしています」と語る．N（夫）も「イスラームは周囲との和を重んじる宗教だから，親族との関係に波風を立てることはすべきではない．また，イスラームは親を大切にするようにと教えているので，母親の仏壇を拝まないことで父親の感情を逆なですることの方がよくない」と語る．このケースのように，葬式や法事に関して柔軟に対処することで，夫婦双方の結婚満足度を低くせずにすむこともあるため，有意差が認められなかったと解釈できる．また，2「データの特性」で述べたように，対象者の年齢が比較的若く，親の大半が健在であり，かつ改宗後，親族の葬式や法事を経験したことがない者も多いことから，現実問題としてまだ受け止めることができないのかも知れない．

6　考　察

　本調査研究から以下の2点が明らかになった．

　第1に，イスラームへの妻の適応は4変数中2変数が，夫と妻の結婚満足度を規定しており，妻が1日5回の礼拝を行い，ヒジャーブを常に着用して生活していると，結婚満足度が高くなることが看取された．礼拝とヒジャーブをイスラームの教義という立場からとらえた場合，次のことが言える．礼拝は五行の中で信仰告白の次に大切だとされており，信者にとって基本的かつ重要なことである．妻が1日5回の礼拝を行うことは敬虔なムスリマである証でもあることから，夫の結婚満足度が高くなり，さらには妻の結婚満足度も高くなる．また，ヒジャーブの目的は夫以外の男性に自分の髪や肌を見せないようにすること，夫以外の男性を誘惑しないようにすることであり，イスラーム諸国に比

べて誘惑の多い日本で妻が生活することに夫が大変心配し,「些細なことにやきもちを妬く」と語る妻が多かったことから,妻がヒジャーブを着用することで夫も安心し,夫,妻ともに結婚満足度が高くなる.

　第2に,親族との関係のうち,夫方親族とのつき合いに対する妻の不満が夫の結婚満足度を規定している.イスラームの相互扶助精神のなかで生活してきた夫にとって,自国の親きょうだいへの送金など,さまざまな援助を行うことはごく自然な行為である.しかし,社会保障制度が整備され,親族間の相互扶助が希薄になりつつある現代の日本社会で生まれ育った妻にはそれが理解できず,夫方親族とのつき合いに対して不満をもつことがある.一方,妻が夫方親族とのつき合いに対して不満をもっていないということは,イスラームの教え,および夫の立場や心情を理解し,さらに夫方親族を大切にしたいという気持ちのあらわれでもあるため夫の結婚満足度を高くする.

　以上のことから,妻がイスラームに適応することで夫婦の結婚満足度が高くなることが明らかになった.夫の国に移住する意思の有無と,妻がイスラームの教義を遵守しているか否かの関連は認められなかったが,夫がイスラームの教義を遵守していれば,妻も同様に遵守している傾向がみられたことから,妻が敬虔なムスリマであるかどうかは夫の信仰心によるともいえる.その背景として,戒律の厳しい宗教の優位性と,男性の優位性が存在することが挙げられる[23].

注
(1)　イスラーム諸国から日本にやって来る人々は単純労働者ばかりではなく,就学,留学や研修,技能実習などのための来日もある.本調査対象の夫の約半数を占めるパキスタン人を例にあげると,日本への流入の主な背景は以下の通りである.
　　　パキスタン人の海外労働移動の歴史は古く,イギリスのインド植民地だった当時から,世界各地のイギリス領植民地へ出かけた人々にはじまる.
　　　1970年代になると,東パキスタン(バングラデシュ)の独立(1971年)にともなう混乱に続き,石油ショック(1973年)によって大打撃を受け,経済が低

迷するパキスタンから，石油ブームによる建設ラッシュのサウジアラビアやアラブ首長国連邦などの中東産油諸国に働きに出かける人々が急増した．しかし，1986年に原油価格が大幅に下落したことによる中東産油諸国の景気後退により，外国人労働者の需要が低下したため，パキスタン人単純労働者が帰国しはじめた．

　これとほぼ同時期に，バブル景気に沸く日本では，人手不足に悩む町工場や建設現場で労働力を必要としていた．自国で得る収入の10倍またはそれ以上ともいわれる収入に引きつけられて，多くのパキスタン人が日本に働きにやって来るようになった．高い人口増加率と失業率，貧困などの社会問題を抱

付表6-1　プロフィール

	年齢		結婚年数	夫の国籍	子ども	職業	
	夫	妻				夫	妻
A	20代	20代	6か月目	パキスタン	なし	自動車部品輸出業	アルバイト
B	40代	30代	5か月目	パキスタン	なし	会社員	専業主婦
C	40代	30代	9年目	パキスタン	3人	中古車輸出業	専業主婦
D	30代	30代	8年目	パキスタン	3人	自動車部品輸出業	専業主婦
E	30代	30代	8年目	パキスタン	2人	中古車ディーラー	専業主婦
F	30代	20代	4年目	パキスタン	1人	会社員	看護師
G	20代	20代	2年目	モーリシャス	なし	会社員	専業主婦
H	20代	20代	2年目	インドネシア	なし	大学院生	専業主婦
I	20代	20代	11か月目	パキスタン	なし	アルバイト	会社員
J	30代	30代	4年目	パキスタン	1人	自動車部品輸出業	専業主婦
K	20代	20代	10か月目	パキスタン	なし	中古車ディーラー	アルバイト
L	20代	20代	10か月目	スリランカ	なし	自動車部品輸出業	アルバイト
M	30代	30代	2年目	シリア・アラブ共和国	なし	会社員	専業主婦
N	40代	30代	10年目	バングラデシュ	2人	大学教員	アルバイト
O	40代	40代	12年目	パキスタン	3人	中古車輸出業	専業主婦
P	30代	30代	5年目	パキスタン	なし	会社員	アルバイト
Q	40代	30代	11年目	パキスタン	2人	ハラールショップ経営	ハラールショップ経営
R	20代	40代	5か月目	エジプト	3人	アルバイト	会社役員
S	30代	30代	4年目	インドネシア	なし	会社員	アルバイト
T	20代	30代	2年目	ガーナ	なし	自動車部品輸出業	保育士
U	30代	30代	14年目	モロッコ	2人	会社員	会社員
V	30代	30代	7年目	バングラデシュ	1人	自動車部品輸出業	専業主婦
W	20代	20代	9か月目	インドネシア	なし	会社員	専業主婦

え，慢性的な外貨不足に悩むパキスタンにとって，海外労働者からの送金は，その家族の生活が潤うだけでなく，国家としての貴重な外貨獲得源である．

日本とパキスタンの国家間の関係をみると，1952年に国交を樹立して以来，友好関係を維持し，1961年以降，日本は経済協力や技術援助というかたちでパキスタンと強い結びつきを保ってきた．1998年のパキスタンの核実験後に日本は経済措置を課したが，2001年にこれを停止して経済援助を再開している．

パキスタンと日本は1960年から査証免除協定を結んでいたため，観光を目的とする入国の場合には査証（ビザ）が不要であった．日本では，単純労働を目的とする外国人の入国を認めていないので，観光の名目で入国して就労するケースが多く，3か月の在留期間が切れても不法残留して不法就労を続ける者が増えた．そのため，1989年に査証免除協定が一時停止となり，パキスタンからの新規入国者は減少しているが，日本人との結婚などにより正規の在留資格を有する親族を訪問する名目での入国や，偽造旅券での入国も後を絶たない．深町宏樹「パキスタンの海外労働移動」法政大学大原社会問題研究所『大原社会問題研究所雑誌』398号，1991年，pp. 18-33．小西正捷編『もっと知りたいパキスタン』弘文堂，1987年．広瀬崇子・山根聡・小田尚也『パキスタンを知るための60章』明石書店，2003年．2003年10月9日付朝日新聞朝刊

（2）　イスラーム諸国からの来日者のほとんどが男性であるのは，イスラームとは関係ないが，地域によって根強く残る「女性隔離」（女性隔離の慣習にはヒジャーブの着用も含まれるが，ここでは女性が隔離されて生活すること自体を意味する）の慣習によるものである．

（3）　桜井啓子の推計によれば，イスラーム諸国会議機構の加盟国出身者で，「日本人の配偶者等」の在留資格を有する外国人のうち，日本人の配偶者は6,835人で，その大半が日本人女性の配偶者である（桜井啓子『日本のムスリム社会』ちくま新書（筑摩書房），2003年，pp. 26-37）．これに日本人の配偶者で，「永住者」などの在留資格を有する者の数を加えると，上記の数を上回る外国人ムスリムと日本人女性のカップルが日本に居住していると考えられる．

（4）　日本では「イスラーム教」という表現が浸透しているが，イスラームという言葉のなかに「神の教え」という意味が含まれているため，「イスラーム教」という必要がない．片倉もとこ『イスラームの日常生活』岩波新書（岩波書店），1991年，p. 10

イスラームはスンニー派とシーア派に大別されるが，本調査対象はイスラームのなかで圧倒的多数を占めるスンニー派である．

（5）　各駐日大使館に問い合わせた結果，次のような回答が得られた．

パキスタン大使館からは，「イスラーム法に則った手続きをしなければ，そ

の結婚は存在し得ない．宗教婚を行ったというモスクの証明書が必要である．詳しくはイスラミックセンタージャパン（スンニー派）に問い合わせるように」という回答であった．イスラミックセンタージャパンによれば，「女性がキリスト教徒やユダヤ教徒であっても，ムスリムと結婚することは認められない．イスラーム法学者の間で一致している見解だから」とのことである．

　イラン大使館からは，「アフルルバイトセンター（シーア派）にて宗教婚を行わなければならない」という回答であった．アフルルバイトセンターによれば，「シーア派が認める結婚には2種類あり，ひとつは一定の結婚期間を限って契約する一時婚であり，もうひとつは永久婚である．キリスト教徒やユダヤ教徒の女性とは一時婚であれば認められるが，永久婚の場合には認められていない．イラン人ムスリムが外国人と結婚する場合には永久婚のみなので，イラン人ムスリムと結婚する日本人女性はイスラームに改宗することになる」とのことである．

　このほか，インドネシア大使館，バングラデシュ大使館，スリランカ大使館，トルコ大使館からは，「ムスリムとの結婚に際して，イスラームに改宗する必要はない」という回答が得られたが，バングラデシュ大使館とスリランカ大使館では，「結婚の成立は宗教と関係はないが，改宗せずに結婚生活を送ることは大変である」という注意が付け加えられた．

（6）　イスラミックセンタージャパン『イスラームの家族生活』イスラミックセンタージャパン，1976年，p.24
（7）　しかし，イスラームは強制をする宗教ではない．
（8）　アジアはパキスタン49.2％，スリランカ8.2％，バングラデシュ6.6％，インドネシア6.6％，インド3.3％，マレーシア1.6％，シリア・アラブ共和国1.6％，トルコ1.6％，ヨルダン1.6％，イラン1.6％，サウジアラビア1.6％の11か国である．
（9）　アフリカはモロッコ3.3％，エジプト3.3％，チュニジア3.3％，セネガル1.6％，ガーナ1.6％，モーリシャス1.6％，アルジェリア1.6％の7か国である．
（10）　月数を切り上げて換算した．
（11）　月数を切り上げて換算した．
（12）　会社員，公務員，専門職を含む．
（13）　夫と妻の結婚満足度を従属変数，礼拝，ラマダーン，食事，ヒジャーブを独立変数とした四元配置の分散分析，および夫と妻の結婚満足度を従属変数，調査を行った時点での，結婚に対する夫の親の反対，妻の親の反対，イスラームに対する妻の親の理解，妻方親族の葬式・法事での合掌と焼香，夫方親族とのつき合いに対する妻の不満を独立変数とした五元配置の分散分析を行ったが，

いずれも交互作用効果は認められなかった．
(14) 六信とは，アッラー，天使，啓典，預言者，審判の日と来世，運命を信じることであり，五行とは，信仰告白，礼拝，喜捨，ラマダーン，巡礼を行うことである．
(15) 授乳中の女性や妊婦などはラマダーンを行わなくてもよいが，後日その埋め合わせをしなければならない．日本イスラム協会監修『イスラム事典』平凡社，1983年, p.255
(16) ハラールフード（イスラームで禁止されていない食品）を扱う店で，通信販売も行っている所が多い．
(17) 夫・父・夫の父・息子・兄弟・甥といった親族，奴隷，幼児以外の男性．コーラン第24章30節，31節
(18) 神山進「若者と流行―被服行動―」高木修編『社会心理学への招待―若者の人間行動学―』有斐閣，1995年, p.168
(19) Romano, D., *Intercultural Marriage*, Intercultural Press, 1988, p.72.
(20) 阿満利麿『日本人はなぜ無宗教なのか』ちくま新書（筑摩書房），1999年, pp.25-28
(21) アッラーによって最後の審判が下される終末の日のこと．現世における善行と悪行がアッラーによって正確に記録され，それに基づいて天国行きか地獄行きかが決定される．イスラームでは，死とは復活のときまでの束の間の眠りであり，むしろ最後の審判の結果与えられる天国もしくは地獄での来世こそ重要であると説いている．大塚和夫「イスラームの基本的な考え方」，山内昌之・大塚和夫編『イスラームを学ぶ人のために』世界思想社，1993年, p.11
(22) イスラミックセンタージャパン『イスラームの生き方』イスラミックセンタージャパン，1976年, p.49
(23) 男性の優位性は，イスラームの教えに基づくものであるという説と，本来イスラームとは関係がないという説がある．前者の解釈は以下の通りである．イスラームでは男性と女性は人間として平等であるが，男性は妻，家族，および貧困な親族を扶養する義務を負い，経済的責任はすべて男性にあると定められている．この点から家庭を管理する夫に優先した采配権を与えるとしているのであり，女性の劣等性を認めるものではない．しかし，男性が女性より多くの責任を負っている立場にあることから，男性の方が女性より一段上だとされている（アルクーリ，M.A.著，武田正明訳，飯森嘉助監修『イスラムとは何か』時事通信社，1985年, pp.107-109．マルクス，K.著，桜井啓子訳「イスラームと女性」竹下政孝編，板垣雄三監修『講座イスラーム世界4　イスラームの思考回路』悠思社，1995年, pp.314-316, pp.338-340．マクスウド，

R.W. 著，武田信子訳，片倉もとこ監訳『イスラームを知る32章』明石書店，2003年，p. 228)．後者は，コーランの拡大解釈や，夫の出身地域の伝統・慣習としてとらえられている（深町宏樹「パキスタンの労働事情―社会的特質から見た場合―」法政大学大原社会問題研究所『大原社会問題研究所雑誌』467号，1997年，pp. 8-9．塩尻和子「イスラーム世界の女性―コーランの理想と現実のはざまで―」『世界（特集・イスラームわが隣人たち)』679号，岩波書店，2000年，pp. 100-105．白須英子『イスラーム世界の女性たち』文春新書（文藝春秋)，2003年，pp. 74-81)．

第7章　日本人妻のイスラームへの適応

本章では，前章で明らかになったイスラーム⁽¹⁾への妻の適応と結婚満足度との関係をさらに追究するために，第一次インタビュー調査と第二次インタビュー調査から，対象者の主観的な意識の様相を個別に検証する．

第一次インタビュー調査では，日本人妻たちのイスラームへの適応状況を中心に検討し，第二次インタビュー調査では，彼女たちのその後の適応状況の変化，および妻がイスラームを受け入れない場合の夫の精神的葛藤について考察する．

1 分析の枠組み

異文化適応に関して，これまで数多くの研究が行われてきた．例えば，K.オバーグ[2]，P.アドラー[3]，稲村博[4]，J.ベリー[5]らが異文化適応の類型化を試みたほか，異文化適応を時間の変化との関係からとらえたUカーブ[6]やWカーブ[7]に関する研究がある．著者はこれらの先行研究を参考に，外国人ムスリムとの結婚に際して改宗した日本人妻のイスラームへの適応を「受け身」「葛藤」「拒否」「柔軟」「傾倒」の5つに類型化した．

「受け身」とは，夫の望むままにイスラームを無条件に受け入れているモデルである．人間にとって異なる価値観を理解するよりも，異なる信条を認識したり守ったりする方が簡単であると言われるように[8]，「受け身」は最も簡単そうにみえる適応モデルである．しかしイスラームの素晴しさを心底理解する前に，かたちだけイスラームに合わせても早晩無理が出てくる．自分がイスラームを受け入れることに対する夫からの期待がどれだけ重要なものであり，またそれを遂行することがどれだけ大変であるかを認知する一方，自分の意識や能力がこれらの期待に応えられるかどうかの間で「葛藤」が生じる．

「葛藤」は異文化適応における重要な学習過程であり，適応のための調整期間である．すなわち，ここでいう葛藤は病理なのではなく，異文化適応過程において中核をなすものである．さらに，妻の葛藤のメカニズムを分析するにあ

たっては，精神的環境，文化的環境，人的環境，物質的環境を考慮に入れる必要がある(9)．これらを本調査対象の日本人妻にあてはめると，精神的環境は改宗したことによる価値観の変化を，文化的環境は習慣の変化を意味する．また人的環境は，妻がイスラームの教えを遵守することに対する夫の期待，結婚することによって発生した夫方親族や友人とのつき合い，および妻がイスラームに改宗したことによる妻方親族や友人との関係の変化であり，物質的環境はイスラームの食生活ならびに服装の問題である．これらのうち，いずれの環境において妻の葛藤が生じているのか，そしてそれを夫婦でどのように対処するのかによって，その後の妻の適応の仕方が異なる．

葛藤の段階では自分のアイデンティティに対する脅威を味わう．この脅威に対して，自分という存在や自分がもっている文化，定位家族への帰属などを守りたいという意識が強く働いた場合，イスラームへの適応の「拒否」となる．拒否は精神的・文化的・人的・物質的環境，すべてにおけるイスラームへの不適応を意味する．一方，葛藤を克服することによって，適応の度合いが高まり，「柔軟」や「傾倒」に移行するケースもある．

「柔軟」は精神的環境においてイスラームに適応していることが条件となる．つまり，イスラームの教えに反発しているわけではないが，文化的・人的・物質的環境において柔軟に対応しているモデルである．ただし，妻が「柔軟」であるのは，夫が宗教に対して寛容であることが前提となる．

「傾倒」の段階になると，イスラームについての知識や理解が増し，心からそのよさがわかるようになる．また，イスラームの生活に慣れ，ムスリマ（イスラーム教徒の女性）の間で人間関係を形成するようにもなる．イスラームを知る以前の自分，イスラームを受け入れてからの自分，葛藤を繰り返していた頃の自分，これらを見据えて自分なりに納得し，どうしていけばよいのか心のなかにある程度のかたちができるのである．すなわち，傾倒の段階では精神的・文化的・人的・物質的環境，すべてにおいてイスラームに適応していることが条件となる．

前章のアンケート調査でイスラームに改宗したときの気持ちをたずねたところ，「喜んで改宗した」が20.5％であったのに対し，「あまり深く考えずに改宗した」が47.7％，「形式的なことだと割り切って改宗した」が15.9％，「しぶしぶ改宗した」が11.4％であり，積極的に改宗した妻は少ない．異文化への適応は自国の文化と新たな接触社会の文化との差異が小さいほど困難がともなわないうえ，自発的な動機による接触の方がその後の適応状態は良好であると言われていることから(10)，その後の妻たちのイスラームへの適応過程において葛藤が生じると仮定できる．また夫の場合は，より深く日本社会にかかわり，日本的な価値観や規範を取り込もうとする場合，自分の文化的あり方との間に葛藤が生じる(11)という指摘があるように，日本社会・文化への適応過程および日本人妻との生活において葛藤が生じることも考えられる．

2　第一次インタビュー調査

(1)　調査の概要

　前章のアンケート調査は，対象者がモスクに通う信者に限定されていたが，本章ではデータの偏りをなくすために，モスクに通っていない信者も対象に加えたインタビュー調査から考察する．

　第一次インタビュー調査は1999年4月から12月にかけて，埼玉県，東京都，神奈川県，静岡県，愛知県，大阪府，兵庫県，岡山県に居住する20代から40代までの26人の日本人妻を対象に行った．対象者のプロフィールを付表7－1に示す．対象者の平均結婚年数は5.2年と比較的短い．これは，この10数年間に外国人ムスリムと日本人女性の結婚が増加しており，それ以前にはこの組み合わせのカップルは極めて少数であったからである．

(2)　事例の記述

事例1

　Aは30代で結婚5か月目である．Aは第二夫人で(12)，第一夫人と子どもはパ

キスタンで生活しており，夫は彼らに毎月仕送りをしている．第二夫人になることに対する抵抗について，「最初は（抵抗が）ありましたよ．でも，国に奥さんがいることは（主人と）知り合ったときから知っていたことなんで覚悟はしていました．今は（主人は）私と日本に住んでいるんだからと気にしないようにしています．だた，里帰りや，将来的に向こうに住むことになったときのことを考えると不安です」と語る．

また，「強いて言えば仏教徒だった」というAがムスリムである夫と結婚することについては次のように語っている．「主人と私は，宗教も，食べ物も，考え方も，価値観も，全く違うから共通点が見い出せないんです．私にとって常識的なことが彼にとっては非常識なことだったり，彼にとって常識的なことが私にとって非常識だったりするんです．だからって，それを難しく考えると暗くなるし，嫌になるでしょ．毎日が新しい発見だと思えばいいと思っています．主人と知り合ってからずっと今まで，イスラーム教のことを教えてもらいながら生活していると，不思議と考え方が変わってきたんです．自分を飾らなくても，心がきれいであればいいとか思うようになって，昔のような欲がなくなってきたんです．そういう点で，イスラーム教に改宗してよかったと思っています」．

事例2

Bは20代で結婚10か月目である．結婚前は無宗教だったBは，イスラームに入信した理由について，「旦那です．旦那が好きだから，旦那と結婚するためにイスラーム教徒になりました」という．しかし入信後，それまで考えもしなかった問題に直面することになった．

「私の父は既に亡くなっているんですが，毎月，月命日にはおっさん（お寺の住職）にうちに来てもらってお経をあげてもらっているんです．母は，父の月命日には実家に帰って来るようにと言うんですが，実家に帰っても仏壇に手を合わせることができないじゃないですか．(13) 旦那もそれはしてほしくないって

言うし．この間は，父の 7 回忌だったんです．仏壇に手を合わせることもできないし，焼香もできないでしょ．お墓までは行っても拝めないでしょ．お父さんはきっと寂しい思いをしてるんじゃないかなって思うとつらいんです．それと，私が拝まないことで，親戚の人が母に嫌味を言うんじゃないかと思うと，さらにつらくなるんです．そのことについて母は何も言いませんけど，自分の父親に手を合わせることが何故いけないのか，これは仏教とかそういうんじゃなくって，気持ちの問題だと思うんですよ」．

事例 3

　Cは 40 代で結婚 12 年目である．結婚に際して仏教から改宗したCは，「結婚して数年間はイスラームの教えを守るようにかなり努力しました．特に食べる事については大変でした．買い物をするときにいちいち原材料をチェックするんですよ．ショートニングや動物性のエキスやゼラチン（牛骨から抽出したもの）が含まれてないかとか……．お醤油やお味噌にアルコールが含まれているの知ってました？　結婚して長いですから慣れてはきましたけど，私，努力したんです」と「努力」という言葉を繰り返し強調した．

　そんなCであるが，いまだにどうしても納得できないことがあるという．「主人は人助けだと言って，うちに（同国人の）友だちを泊まらせるんです．1 番長い人で 1 か月ほどいました．なかには家族連れで泊まる人もいます．広い家ならともかく，アパートの狭い部屋なのでとても気疲れします．主人はイスラームの教えにある『困った人がいたら助ける』という精神でいるんでしょうね．（また）何年も前に 1 度しか会ったことのない人とか，友だちの友だちという人がお金を借りに来るんです．返してもらえないどころか，貸したが最後，連絡すら取れなくなることが多いですけど，主人はそれでも貸すんです．『たとえその人からお金が返ってこなくても，神様がほかのかたちで返してくださるから，それでいいんだ．自分が生活していくうえで最低限必要なものさえあれば，それ以上はいらない』と主人は言いますが，私はまだ精神的に未熟だか

ら納得できないときがあります」．

事例 4

Dは30代で結婚4年目である．子どもは2歳の男児がおり，2人目を妊娠中である．Dは「結婚するために必要だったから」仏教から改宗したが，「1年ぐらいたってから，服装，食事，行動などが規制されることが多くて窮屈に感じるようになった」という．具体的にどんな点が窮屈なのか，以下のように語っている．

「例えば服装ですが，ヒジャーブ(16)の本来の目的は，主人以外の男性に自分の肌や髪をみせないようにするため，主人以外の男性を誘惑しないようにということらしいけど，日本ではヒジャーブ姿だと逆に人目を引くと思いませんか．それだとイスラームの教えに反すると私は解釈して，（ヒジャーブを）あまりしていませんでした．ところが，2人目を妊娠していることがわかった頃から主人がヒジャーブをつけろと言うようになって……．少しずつ主人の規制が厳しくなってきました．ラマダーンは今年は妊娠中だからしなくていいんですが，以前もしていませんでした．日中何も食べずに働くなんて身体がもちません」．また，「主人は私がイスラーム教徒以外の友だちと会うことにあまりいい顔をしません．以前はそうでもなかったんですけどね．イスラーム教徒以外の人とつき合うと，私がうっかりハラーム(17)のものを食べてしまったりしてイスラームから離れてしまうんじゃないかって心配みたいです．でも主人の言うことを聞いていたら，主人の友だちの奥さんたちとしかつき合えなくなるんです．そういう風にイスラーム教徒で固まっている奥さんたちが多いけど，私は偏った人間関係のなかで暮らしたくないし，いろんな人と接していきたいんです」．

「夫婦関係はうまくいっていると思うんですけど，ことイスラームが絡んでくると色々と問題が出てきます．でも，両親に大反対された結婚だから弱音をはけないんです．意地でも幸せになって，ムスリムとの結婚だってうまくいくんだってことを示したいんです」．

事例5

　Eは30歳代で結婚5年目である．子どもはいない．Eは結婚前に夫に「かたちだけのことだから改宗してくれ」と言われ，「深く考えずに」仏教から改宗した．しかしその後「食事にしても，服装にしても，細かいことまで規制されることに嫌気がさしてきた」という．

　「結婚してしばらくは，主人に合わせてハラールフード(18)を食べてましたし，お祈りもしてました．すべてイスラーム的生活にしてたんです．けど，そんな生活を3年ぐらい続けていたら何もかもが嫌になったんです．主人にかなりきつく当たりましたし，話し合おうともしましたが，主人は黙って聞いているだけでした．それからは，主人用と私用の食事を毎日用意しています．いつも2種類の食事を作ることに本当に疲れます．なんとか主人がこっち（日本）の習慣に合わせるようにと考えているんです．日本に住んでいるんだから日本の生活に合わせてもいいと思いませんか．服装も（イスラームの教義を）気にしていません．暑いから半袖に短パンですよ」．

事例6

　Fは30歳代で結婚11か月目である．Fは結婚前は「一応仏教徒だった」が，「形式的なことだと割り切って」改宗したとのこと．「30歳を過ぎて，既に自分の考え方なり価値観なりが固まっていますから……．それをムスリムと結婚したがために，自分のすべてを白紙にしてイスラーム教にどっぷりという生活はできないです」という．

　改宗してからの生活についてFは以下のように語る．「彼の前では豚肉を食べませんが，彼と一緒に食事をしないとき，たとえばふたりとも仕事をしているのでお昼は別々ですよね，そういうときには平気で豚肉も食べています．そうでもしなきゃ，とっても息苦しい生活になってしまうと思うんです．もちろん彼には内緒ですけど……．彼に嘘をついているという意識はもたないようにして，夫婦がうまくやっていくためには彼の耳に入れない方がよいこともある

んだと考えるようにしています．結婚前にイスラーム教の教えに従った生活をしようと努めたこともありましたが，爆発しそうになり，こんなことなら結婚しないでおこうと何度も考え，彼と喧嘩もしました．いろいろ考えた結果，彼の前でだけ豚肉を食べなければよいということにしました．彼にとって豚肉を食べるということは，私たちにとってねずみを食べることほど嫌悪感があるらしいです．でも，私にとっては30数年間普通に食べてきたものですから，それを突然やめる訳にはいきません」．さらにFは次のように続けた．「お祈りなんてしたことがありません．第一，お祈りの仕方を知りませんから．彼も困った事があるときだけ（お祈りを）している程度ですから，私にもしろとは言いません．自分の心のなかに神様がいるんだって考えればそれでいいと思うんです」．

事例7

　Gは30代で結婚7年目である．Gは仏教から改宗したが，当時イスラームについての知識が全くなかったため，改宗する前に半年間勉強したとのこと．
　Gは「結婚の届出上イスラーム教徒になりましたが，あまりイスラーム教徒らしい生活をしていません」という．「イスラーム教は個人の意識の問題だと思うんです．だから，きれいな気持ちで，よい行いをしていればいいんじゃないですか．私はお祈りの仕方を知らないからしたことがないし，ラマダーンもしたことがないです．豚肉だって食べてますよ．うちの夫は宗教色が本当にない人なんです．そんな日常を決して他のムスリムには言えませんけど……．トンカツを『おいしいね』って言って食べるし，お酒も飲んでますよ．日本で会社員として生活するうえでお酒は潤滑油として必要なんだと思います．そういう意味では日本に溶け込む努力をかなりしていると思います」．

事例8

　Hは30代で結婚11年目である．結婚前は無宗教だったというHは次のよう

に語っている．「主人からまったく強制されなかったから，少しずつ時間をかけて自然にイスラームが生活のなかに入ってきたという感じです．入信してから数年間は会社の飲み会にも出席していました．今から思えばとんでもないことなんですけどね．かたちからではなく精神面から入っていくことができたからよかったんだと思います．主人からあれはダメ，これはダメと頭ごなしにイスラームの教えを押しつけられていたら，主人にもイスラームにも多分反発していたと思います．自分からイスラームのことを知りたいって思うようになって，勉強してはじめてその素晴しさがわかったんです．クルアーン（コーラン）にこういう理由からあれをしない方がいいと書いてありますから，読めば納得できることばかりなんです」．

「入信してからは，生きることの意味がわかり，自分に自信がつきました．不安定な自分を支えることのできる信念のようなものができてとても快適です．アッラーと私の間に主人が介在しているのではなく，イスラームはアッラーと私との契約ですから，私は主人と離婚をすることがあってもイスラームは辞めません」．

事例9

Iは30代で結婚8年目である．Iはイスラームに改宗する以前は新興宗教Σ教の熱心な信者で，布教活動も行っていた．「主人が好きだからイスラームを学びたいと思ったんじゃなくて，真理としてイスラームを知りたいと思ったんです」というIは，Σ教からイスラームに改宗するにあたっての精神的葛藤について次のように話す．

「最初に主人に会ったときは，外国から（日本に）来ているこの人にも（Σ教を）布教しようと声をかけたんです．いつかΣ教の信者になってくれるかもしれないぐらいの気持ちだったんです．ところが，主人に会う度にイスラームの話ばっかり聞かされて……．それで自分なりに勉強するうちに，Σ教で半信半疑だったことすべての答えがクルアーンに書いてあることに気づいたんです．

どんなに粗を探そうとしてもイスラームには粗がないんです．でも，知識としてイスラームを認めても，∑教に対する信仰心をどうやってさませばいいのって感じでした．今まで自分がこうだって信じていた事がことごとく否定されるのよ．自分の存在までもが否定されている気がした．昨日まですごい勢いで信じていた事を突然変えられないじゃない．（手を前方に向けて）こう行こうと思って，すごいエネルギーで進んでいるものにストップをかけられると，静止するのにエネルギーがかかるでしょ．すると，違う方向に向かうエネルギーが出て来ないっていうか……．結婚してから3～4年は，すごく大変で……．無気力状態が続いていました．主人はそれを必死で支えてくれたんです．時間はかかりましたけど，今ではアッラーは何があっても私を守ってくださるんだという確固たる信念を持てるようになってとても幸せです」．

　ムスリムと結婚した日本人女性から，夫の援助の精神についていけないという話をよく耳にするが，その点に関してのIの意見をたずねると，次のような答えが返ってきた．「困った人を助けることはイスラームの教えのひとつなのね．誰かが放置されるってことがない訳でしょ．イスラームは理にかなっていると本当に思う．日常生活のどんな細かいことでもクルアーンやハディース[19]に書かれているから，私たちは何も悩まなくていいの．書かれていることに従って行動すればいいのよ」．「第二夫人にしてもね，アッラーが主人に必要だとお考えになってお与えになるのであれば，私は喜んで受け入れるつもりでいますよ」．

(3) 考　察

　前項でみた日本人妻9ケースのイスラームへの適応状況が時間の経過とともにどのように変化してきたかを図7-1「イスラームへの適応の段階的変化」に示す．
　「受け身」は，結婚3年未満で子どもなしの妻にのみ見られた．Aがこれにあてはまる．Aをはじめ「受け身」の妻たちは，イスラームについて現在勉強

中だと言い，実際彼女たちの語りの中には「葛藤」や「傾倒」の女性たちが用いていたようなイスラーム用語が出て来なかった．

　B，C，Dも結婚当初は「受け身」であったが，次第にイスラームの教えと自分の今までの価値観との間にギャップを感じるようになっている．Bは結婚10か月目であり，一見「受け身」の生活を送っているように見受けられるが，改宗したことによって自分の父親の仏壇を拝むことができなくなり，葛藤が生じている．また，Cの場合はイスラームの援助の精神に，Dの場合は，食事，服装，行動全般に対する規制に疑問があるようである．CやDと同様の問題は多くの女性が「葛藤」の段階で直面した，あるいは直面していることである．さらに，今でも両親から結婚を反対されているDの語りのなかには他の調査対象者以上に度々親のことが出てきており，かなり気になっている様子がうかが

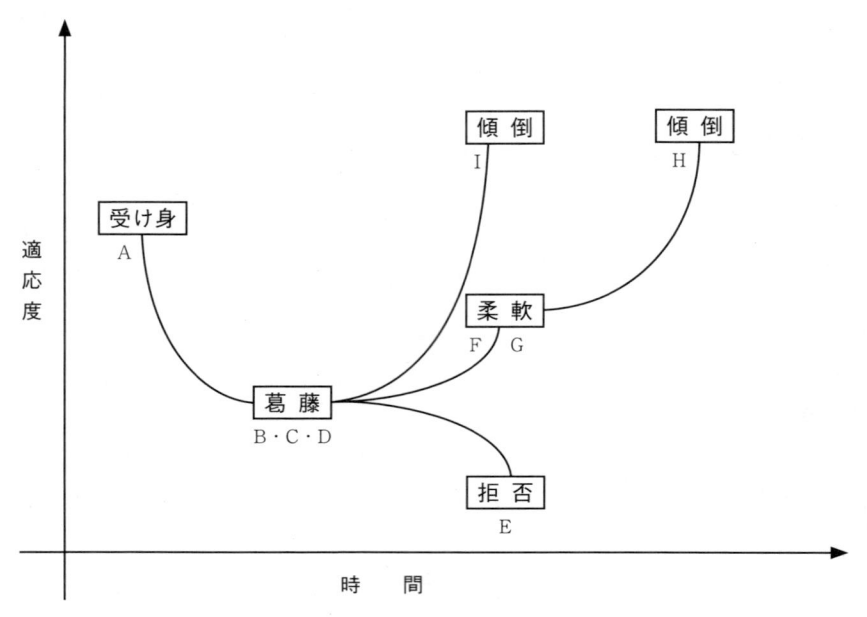

図7-1　イスラームへの適応の段階的変化

えた．国際結婚に際して，親きょうだいの猛反対を受け，絶縁などして結婚に踏み切った場合，これがその後の当事者の異文化適応に影響を与えると指摘されているように，[20] Dの場合も，親と疎遠になっていることが葛藤を増大させているようである．このように「葛藤」のあらわれ方は三者三様であるが，妻に葛藤が生じる時期になると，「ムスリマらしく振る舞ってほしい」，「自国の女性のように振る舞ってほしい」という夫からの要求が強くなり，これが妻の葛藤を助長しているケースもみられた．

付表7-1に示したように，本調査対象者をみる限りでは，結婚当初から夫が「柔軟」な場合には妻の「葛藤」は生じていない．夫が「傾倒」の場合には，妻が「葛藤」から「傾倒」あるいは「拒否」に移行するケースがある一方，夫が「傾倒」から「柔軟」に移行することで妻に歩み寄り，妻が「葛藤」から「柔軟」に移行しているケースもあった．夫の信仰の程度や，妻に葛藤が生じたときの夫の対応がその後の妻の適応にかなり影響していることがわかる．

「拒否」にあてはまるEの夫は「傾倒」で，Eは結婚後約3年間は「受け身」の生活を送っていたものの，それに耐え切れなくなり，精神的・文化的・人的・物質的環境すべてにおいて「葛藤」が生じた．このとき夫は見ているだけで，問題を解決しようとはしなかった．Eの「葛藤」の期間は長くなく，間もなく「拒否」に移行したが，「拒否」することで葛藤から完全に解放されたわけではなく，イスラームを拒否し続けている自分と，受け入れなければならないと考える自分との間で葛藤は続いている．

FとGは「柔軟」であるといえる．Fは夫と知り合った直後は「受け身」であったが，結婚前の早い段階で「葛藤」が，特に物質的環境において生じたため，夫と話し合い，お互いに「柔軟」になることによって，妻は「葛藤」の段階を脱することができた．一方，Gは結婚前にイスラームについて知っておきたいと勉強していたが，夫が「柔軟」であるためGも結婚当初から「柔軟」である．

HとIは「傾倒」にあてはまる．「傾倒」の妻たちの話のなかには，「アッ

ラー」という言葉が度々出てきた．敬虔なムスリマで，ボーンムスリム（生まれながらのイスラーム教徒）の夫より信仰心が厚いと思われるケースや，夫が期待する以上に敬虔なムスリマになったケースもみられた．ムスリマとしての生活に満足しており，「アッラーを信じることによって心が平安になった」，「生活や価値判断における明確な規準ができたので幸せだ」と語り，日常でイスラーム名を使用し，アラビア語で挨拶を行っている．

Hは夫が「柔軟」であったため「柔軟」からはじまり，「葛藤」をほとんど経験することなく「傾倒」に移行している．また，IはΣ教の熱心な信者であったため，改宗するにあたっては他の調査対象者以上に大きな精神的「葛藤」を経験している．葛藤の段階でIは「無気力状態が続いていた」が，真理としてイスラームを知りたいという気持ちと夫の支えによって，「傾倒」の段階に到達することができたといえよう．

以上，インタビュー調査から得られた日本人妻の主観的な意識の様相から，彼女たちのイスラームへの適応状況を「受け身」「葛藤」「拒否」「柔軟」「傾倒」に類型化し，その段階的変化を考察した．ただし，これには個人差があり，また夫の信仰の程度や，環境によっても異なるため，日本人妻すべてがこの段階的変化を経験するとは限らないが，彼女たちのイスラームへの適応の一側面をみるうえで，この類型が有効であると考える．

イスラームは宗教であり，かつ生活である．日常生活に宗教がほとんど入り込んでいない一般的な日本人ゆえに，イスラームを受け入れることを安易に考える傾向がみられた．ムスリムとの結婚に際してイスラームを「受け身」で受け入れるまでは容易かもしれないが，それまでの生活や価値観を急に変えなければならなくなると「葛藤」が生じる．妻に葛藤が生じたときには，夫の態度が妻のその後の適応に影響を与えることが多い．「葛藤」を夫婦でうまく乗り切れずに「拒否」となるケースもあれば，「葛藤」の結果「柔軟」を選ぶケース，「葛藤」を克服して「傾倒」に到達するケースなどさまざまである．妻が「傾倒」の段階に入れば，夫方親族から「よい嫁」として賞賛される．

3　第二次インタビュー調査

(1)　調査の概要

　第二次インタビュー調査は，第一次インタビュー調査で妻が「受け身」「葛藤」「拒否」であったカップルを対象に，第一次インタビュー調査の3年後の2002年4月から6月にかけて行った．この調査の目的は，第1に，妻のその後の適応状況を観察し，適応状況に変化がみられた場合には，その要因を分析すること．第2に，第一次インタビュー調査で妻が「拒否」であった夫には葛藤があったのか，なかったのか．もしあったのであれば，それはいかなるものなのかを検証することである．

(2)　事例の記述
事例1

　結婚当初は夫の望むままにイスラームを受け入れていたAであったが，第一次インタビュー調査の直後（結婚約1年後）から次第に葛藤が生じはじめた．「ムスリマらしくしてほしい」という夫からの要求が強くなり，「あれもだめ，これもだめと言われる．個としての私を認めてほしい」と語るようになった．具体的には，「女友だちでも，ムスリマ以外の友だちに会うと言うと嫌な顔をする」ことや，「結婚前は仕事をしてもいいと言っていたのに，最近は仕事をするなと言うようになった」ことなどを挙げていた．本調査対象の夫の多くが，結婚後も自国の親族に送金を続けており，Aの夫も例外ではない．妻は家計を助ける意味でも，外で仕事がしたいという．しかし，夫は妻がムスリマ以外のネットワークをもつことを好ましく思っていない．その理由を夫にたずねても，「イスラームの教えだからと言うだけなので納得できない」[21]と話す．

　第二次インタビュー調査で，その後の生活についてAにたずねたところ，「慣れてきた」という返事が返ってきたが，それには2つの意味が含まれていた．イスラームの生活に慣れるという文字通りの意味と，夫の見ていないとこ

ろで気を抜くという意味である．Aは夫の前ではお祈りもするし，教義も守っているが，日中，夫が留守のときには，家でイスラームの教義をあまり気にせずに過ごし，ムスリマ以外の友人とも会っているという．「主人に私の個性を潰されたくないんです．私は私でいたいから」と語っている．

事例2

　第一次インタビュー調査の際には「葛藤」が生じており，夫が「自分とは異なるイスラーム教徒」であることを強く意識するようになっていたDであるが，第二次インタビュー調査では明らかに変化がみられた．そのきっかけとなるのが転居である．老朽化したアパートから新築のマンションに転居し，その近辺には多くのイスラーム教徒が居住している．周囲に同じ環境の人が多くなったことによって，「ヒジャーブをして外出することに抵抗がなくなった」という．また，お互いの家を行き来し合うムスリム家族の友人ができ，そのネットワークのなかで生活するようになっていた．

　Dは生活環境が変わったことに加え，夫がはじめた中古車の輸出業が軌道に乗り，経済的にもかなり裕福になったことで，生活自体の満足感が増したようである．イスラームについての勉強も熱心に行い，「イスラームが生活に密着した泥臭いところが好きなんです」と語るようになっていた．

　結婚に反対していた両親との関係も，徐々にではあるが修復の方向に向かっている．葛藤はあったものの，「夫と同じ価値観をもちたい」「ムスリムとの結婚だってうまくいくんだということを親にわかってもらいたい」という気持ちが，葛藤を克服する原動力になったと考えられる．

事例3

　K夫婦は結婚16年目である．K（夫）は来日した頃からお祈りやラマダーンをあまりしなくなっていたというが，「アッラーを信じる気持ちはまったく変わっていない」と語る．結婚式は神道で行ったが，イスラームでは偶像崇拝を

禁止しているので，夫は神前で合掌はせず，儀式として割り切って行った．夫の国では，イスラーム法の方式によらなくても結婚の成立を認めているため，K（妻）は改宗していない．

　K（夫）は，「イスラームは強制する宗教じゃないから，彼女がイスラームのよさをわかってくれるまで待とうと思った．きっといつかは改宗してくれると思って，待って待って待ち続けた．でも，結婚して10年ぐらいたったときに彼女には改宗する気持ちが全然ないことがわかって……悲しかった．同じ宗教じゃないとやっていけないから，彼女とはもうやっていけないと思った．でもその頃，子どもが小さかったから思いとどまった」と語る．しかし，妻は結婚当初からイスラームに改宗しないと言っていたのではなく，モスクに出かけたりコーランを読むなど勉強はしたが，「どうしても改宗する気にはなれなかった」と話す．

　K（夫）は，「最近，（ムスリムと結婚した）日本人の女の人がヒジャーブをかぶっているのをよく見る．それを見ると，すごいなと思うし，そういう奥さんがいる人が羨ましい」という．このように，K（夫）は現在でも，葛藤を完全に克服したとはいえないが，「商売をはじめたとき，夫婦で協力しないとできなかったし，妻がいるから商売がうまくいっている」と語るように，ビジネスパートナーとしてなくてはならない存在になっている．いまだにK夫婦は宗教に関して平行線が続いており，「イスラームの話になると喧嘩になるからしないようにしている」という．

(3) **考　　察**

　A（夫），D（夫）ともに敬虔なムスリムであり，モスクを核としたムスリム[22]ネットワークを形成している．A（夫）が「お祈りをしない人とはつき合わない」と語るように，日本に居住し，日本人女性と結婚していながらも，日本語を使用する以外は自国での生活をほぼそのまま維持し，日本社会との接触は仕事以外ではほとんどない．彼らは「妻がよきムスリマであると仲間に自慢でき

る」と語っていることから，ムスリムネットワークのなかで生活している夫たちにとって，妻がイスラームの教義を遵守しているかどうかは夫としての沽券にかかわる問題であることがうかがえる．

　葛藤が生じたときにD（妻）は，「もっと厳しく奥さんにムスリマらしい生活をしろと言うご主人がいるけど，うちのなんかはまだいい方」と言って，自分よりも厳しい状況にある日本人妻と比較することによって葛藤を軽減させようとしていた．また，A（妻）は夫が留守のときにイスラームの教義を気にせずに過ごしている．A（妻）のように夫の前では敬虔なムスリマとしての自分を演じることは決して特殊ではなく，少なからず妻たちが取り入れている．しかし，どこまで自分を演じていくことができるのか，新なる葛藤が生じることはないのかについては，さらなる追跡調査が必要である．

　他方，K（夫）はイスラームの教義に反しない限りにおいて日本文化を受容し，日本社会に適応している．しかし，信仰は誇りであると同時に日本での生活を精神的に支える面をもっていると言われるように[23]，ムスリムとして譲れない面があり，それを妻から拒否されることによって精神的葛藤が続いている．妻も夫の葛藤を理解してはいるが，「私は自分を失いたくない」と主張し続けている．K（夫）にとっての葛藤は異文化適応のための調整期間としてとらえるにはあまりにも長く，かつ深刻である．

　K（夫）と同じく柔軟な夫たちからは，「イスラームは強制する宗教ではない」という話が度々聞かれた．妻に葛藤が生じたときでも，傾倒であった夫が柔軟になることによって，妻の葛藤が軽減されたというT夫婦のケースや，「主人からまったく強制されなかったから，少しずつ時間をかけて自然にイスラームが生活のなかに入ってきた」と語るH（妻）のように，妻がイスラームのよさを理解するまで夫が柔軟な姿勢で待ち続けた結果，妻は大きな葛藤を経験することなくイスラームを受け入れるようになったケースもある．

　宗教が異なる者と結婚する場合，特に一方が戒律の厳しい宗教である場合には，他方は受け入れるか，受け入れないか，2つに1つの選択を迫られる．イ

第7章　日本人妻のイスラームへの適応　　161

スラームを受け入れた側も，配偶者からイスラームを拒否された側も，自分のそれまでの生き方や価値観との間で葛藤が生じる．そして，その葛藤を夫婦で克服できるかどうかが結婚生活がうまくいくかどうかの鍵となる．

注
　（1）　第6章注（4）を参照されたい．ただし，後述の事例のなかに出てくる表現については，調査対象者の語りを忠実に再現するよう努めたため，名称が統一されていない．
　（2）　Oberg, K., "Cultural Shock: Adjustment to New Cultural Environments", *Practical Anthropology*, Vol. 7, 1960, pp. 177–182.
　（3）　Adler, P. S., "The Transitional Experience: an alternative view of culture shock", *Journal of Humanistic Psychology*, Vol. 15 No. 4, 1975, pp. 13–23.
　（4）　稲村博『日本人の海外不適応』日本放送協会，1980年
　（5）　Berry, J. W., "Acculturation and culture contact", Berry, J. W., Y. H. Poortinga, M. H. Segall, and P. R. Dasen, *Cross-cultural psychology: Research and Applications*, Cambridge University Press, 1994, pp. 271–291.
　（6）　Uカーブとは，異文化接触当初は積極的かつ楽観的に異文化を受け入れるが，その後，適応度が低下し，Uカーブの谷の段階に入り，そこから次第に回復し，適応の段階に到達するというものである．Lysgaard, S. S., "Adjustment in a Foreign Society: Norwegian Fulbright Grantees Visiting the United States", *International Social Science Bulletin*, Vol. 7 No. 2, 1955, pp. 45–51.
　（7）　Wカーブとは，Uカーブに帰国後の再適応過程を加えたもので，再び適応度が低下するが，その後，再適応の段階に到達するというものである．Gullahorn, J. T. and J. E. Gullahorn, "An Extension of the U-Curve Hypothesis", *Journal of Social Issues*, Vol. 19 No. 3, 1963, pp. 33–47.
　（8）　コンドン，J. 著，近藤千恵訳『異文化コミュニケーション―カルチャーギャップの理解―』サイマル出版会，1980年，p. 137
　（9）　近藤裕『カルチュアショックの心理』創元社，1982年，pp. 86–94
　（10）　井上晶子「アジア系ムスリム就労者のストレス対処―バングラデシュ・パキスタン・イラン出身男性を対象に―」『東京大学大学院教育学研究科紀要』第39号，1999年，p. 256
　（11）　同上論文，p. 261
　（12）　国際結婚を成立させるには，国際私法上，それぞれの当事者の本国法における結婚の要件を満たす必要がある．夫の国の法律がイスラーム法（イスラーム

付表7-1 プロフィール

	年齢		結婚年数	夫の国籍	子ども	職業		イスラームへの適応	
	夫	妻				夫	妻	夫	妻
A	40代	30代	5か月	パキスタン	なし	会社員→中古車ディーラー	専業主婦	傾倒	受け身
B	20代	20代	10か月	スリランカ	なし	自動車部品輸出業	アルバイト	傾倒	受け身→葛藤
C	40代	40代	12年目	パキスタン	3人	中古車部品輸出業	専業主婦	傾倒	受け身→葛藤
D	30代	30代	4年目	パキスタン	1人→2人	自動車部品輸出業	アルバイト	傾倒	受け身→葛藤
E	30代	30代	5年目	パキスタン	なし	会社員	アルバイト	傾倒→柔軟	受け身→葛藤→拒否
F	20代	30代	11か月	パキスタン	なし	会社員	専業主婦	柔軟	受け身→葛藤→柔軟
G	30代	30代	7年目	インドネシア	1人→2人	ハラールショップ経営	ハラールショップ経営	柔軟	柔軟
H	40代	30代	11年目	パキスタン	2人	中古車ディーラー	専業主婦	傾倒	柔軟
I	30代	30代	8年目	パキスタン	2人→3人	アルバイト	会社員	傾倒	葛藤→傾倒
J	20代	20代	11か月	パキスタン	なし	アルバイト	専業主婦	柔軟	受け身
K	40代	40代	13年目	※	2人	自営業	自営業	柔軟	拒否
L	40代	30代	10年目	バングラデシュ	2人	大学教員	アルバイト	柔軟	柔軟
M	20代	40代	5か月	エジプト	3人	アルバイト	会社役員	柔軟	柔軟
N	30代	30代	4年目	インドネシア	なし	会社員	会社員	柔軟	柔軟
O	20代	20代	2年目	インドネシア	なし	大学院生	専業主婦	傾倒	傾倒
P	20代	20代	9か月	インドネシア	なし	会社員	専業主婦	柔軟	傾倒
Q	30代	30代	8年目	パキスタン	3人	自動車部品輸出業	専業主婦	傾倒	受け身→葛藤
R	30代	20代	4年目	パキスタン	1人	会社員	看護師	傾倒	受け身→葛藤
S	20代	20代	10か月	パキスタン	なし	中古車ディーラー	アルバイト	傾倒	受け身→葛藤
T	20代	30代	2年目	ガーナ	なし	会社員	保育士	傾倒→柔軟	受け身→葛藤
U	30代	30代	14年目	モロッコ	2人	自動車部品輸出業	会社員	傾倒→柔軟	受け身→葛藤
V	30代	30代	7年目	バングラデシュ	1人→2人	会社員	専業主婦	傾倒	受け身→傾倒
W	30代	30代	2年目	シリア・アラブ共和国	なし	自動車部品輸出業	専業主婦	傾倒	葛藤→傾倒
X	20代	20代	2年目	モーリシャス	なし	会社員	専業主婦	傾倒	葛藤→傾倒
Y	40代	30代	9年目	パキスタン	3人→4人	中古車輸出業	専業主婦	傾倒	葛藤→傾倒
Z	20代	20代	6か月	パキスタン	なし	自動車部品輸出業	アルバイト	傾倒	受け身→傾倒

注：年齢および結婚年数は、第一次インタビュー調査の時点のものを示した。
第二次インタビュー調査において子どもの数や職業に変化があった場合は「→」で示した。
※：本人の希望により国籍を伏せた。

では，公平に扱うことを条件に，妻を4人までもつことが認められている）を採用していれば，夫の本国法上，重婚が可能である．一方，日本人は日本の民法によることになるが，それによると，日本人だけでなく相手も独身であることが必要で，相手方が重婚の場合には，日本では結婚が成立しないはずである（山田鐐一・澤木敬郎他『わかりやすい国際結婚と法』有斐閣，1990年，p. 24）．しかし，実際に重婚が存在するのは次のようなケースが考えられる．

夫の本国または第三国で，その国の法により結婚し，結婚の成立に関し権限のある機関が発行する婚姻証書をその国の日本の領事等に提出する場合，その報告的届出の意味から，本人が独身であることを証明する婚姻要件具備証明書なしで婚姻届が受理されることがある（国際結婚を考える会編『国際結婚ハンドブック』明石書店，1994年，pp. 18-19）．

また，日本で日本の法により結婚する場合，日本の役所に提出する書類のひとつに，相手の外国人の婚姻具備証明書がある．しかし，パキスタンなど一部の国では婚姻具備証明書が発行されないので，これらの国の外国人と結婚する場合には，本国から取り寄せるアフィダビット（AFFIDAVIT・宣誓供述書）がこれに代わるものとされている．アフィダビットには，本人の国籍，生年月日，宣誓者と本人の続柄などのほか，本人が独身で，本国法において結婚の要件を満たしているかどうかなどを本国の公証人の前で，原則として父親が供述したことが記載されている．本国から送られてきたアフィダビットには駐日大使館の認証印が押されてはじめて公文書として認められる（筑波君枝・山田正記・吉成勝男『国際結婚の基礎知識―出会いから在留特別許可まで―』明石書店，1995年，p. 46）．Aのケースではアフィダビットに夫が独身であると記され，日本で婚姻届が受理されている．
(13) イスラームでは偶像崇拝を禁止しているので，仏壇や墓を拝むことも禁止している．
(14) 「ショートニング」とのみ表示されているものは獣脂を含むため，食べることが禁止されているが，「植物性ショートニング」と表示されているものは獣脂を含まないため禁止されていない．名古屋イスラーム協会『ハラールリスト』1998年，p. 3
(15) イスラームでは飲酒を禁止しているが，醤油，味噌に関して問題となるアルコールとは，保存料として後から添加するものである．微量であるため，製品化された段階のアルコール含有料も2.5～5度程度になり，食べるべきでないのかどうか，論議の分かれるところである．無添加醤油や無添加味噌などにはアルコールが含まれていない．同上書，pp. 31-34
(16) 第6章4「仮説」(仮説④)を参照されたい．

(17) イスラームで禁止されているものや行為.
(18) 第6章注（15）を参照されたい.
(19) 預言者ムハンマドの言行録.初期のムスリムが語るかたちで書かれている.
(20) 稲村博,前掲書,p.124
(21) イスラーム社会における女性の基本的な役割は家庭の運営と子育てにあるが,このことは女性の就労を否定するものではない（アルクーリ,M. A. 著,武田正明訳,飯森嘉助監修『イスラムとは何か』時事通信社,1985年,pp. 110-111）.女性の就労について,それがイスラームの原則にかなう仕事であり,それによって家庭生活の安全と幸福が脅かされることがない限り,イスラームにはそれを禁止する規定はない（マクスウド,R. W. 著,武田信子訳,片倉もとこ監訳『イスラームを知る32章』明石書店,2003年,p. 229）.Aの夫は,「イスラームの教えだから」と述べているが,これは本来イスラームと関係のない,コーランの拡大解釈や,夫の出身地域に根強く残る女性隔離の慣習によるものである.女性隔離の慣習にはヒジャーブの着用も含まれるが,ここでは女性が隔離されて生活すること自体を意味する.
(22) モスクは礼拝の場であるとともに社交の場であり,情報交換の場でもある.
(23) 奥田道大・田嶋淳子『新宿のアジア系外国人』明石書店,1993年,p. 104

第8章　国際結婚とエスニックレストランの展開

ニューカマー外国人の流入が本格化したのが1980年代半ばからであるが，1990年代になると滞在の長期化あるいは定住化が指摘されるようになった[1]．本章では，定住化する外国人のうち，日本人女性と結婚してエスニックレストランを経営する外国人が，日本での定住のプロセスのなかで何故，そしていかにビジネスを展開しているのかについて検討する．

　本調査対象のエスニックレストランとは，経営者がニューカマー外国人と日本人女性のカップルで，夫と妻，あるいはその親族が出資をし，夫のエスニック特性を活用して自国の料理を提供しているレストランであり，従業員として夫と同じ国または地域の出身者を雇用している[2]．エスニックレストランは，ホスト社会一般向けと同胞向けに分けることができるが[3]，本章ではエスニックレストランの展開が日本の地域社会にいかなる影響を与えているかについても考察するため，日本人客が9割以上を占める，ホスト社会一般向けのエスニックレストラン経営者を調査対象とした．

　考察を進めるにあたって，まず夫たちのバックグラウンドを知るために，彼らの来日の動機をみたうえで，妻との出会いからレストラン開店までの経緯を追う．さらに，レストラン経営において妻が果たす役割や，信仰とレストラン経営との関係などを分析する．それにより，外国人が自らのエスニック特性を活用してビジネスを行うことが，彼ら自身にとって，日本人妻にとって，そして地域社会にとってどのような意味をもつのかを明らかにしたい．

1　調査の概要

　本調査対象は，愛知・岐阜・三重の東海3県でエスニックレストランを経営する夫外国人・妻日本人のカップル22ケースで，2002年8月から9月にかけて，対象者が経営するレストランでインタビュー調査を行った．

　調査対象者は，タウンページ（職業別電話帳）の「レストラン（各国料理）」，およびインターネットでエスニックレストランを検索し，1件ずつ直接訪ねる

か電話をして，経営者が国際結婚であることを確認したうえで面接の依頼をした．このうち，夫婦ともほとんど店に顔を出さないケースと，夫婦やその親族以外の者が資本金を出し企業登録上の代表者になっている，いわゆる「雇われ店長」であるケースを除いた23件中22件から協力を得ることができた．

2　データの特性

付表8-1「プロフィール」に示す通り，夫の国籍はインド，パキスタン各5人，ネパール4人，トルコ3人，メキシコ2人，スリランカ，バングラデシュ，タイ各1人で，在留資格は日本人の配偶者等が11人，永住者が11人である．平均結婚年数[4]は7.8年で，夫ならびに妻の年齢は30代がもっとも多く，それぞれ過半数を占めている．レストランの経営形態は有限会社が9件，個人経営が13件である．また，代表取締役または事業主が夫であるのは11件，妻が7件，妻の父または母が4件である[5]．

3　夫の来日動機

コックとして「技能ビザ」での来日と，町工場や建設現場の労働者としての来日がもっとも多く，それぞれ7ケースで全体の約3分の2を占めている[6]．コックとしての来日であっても，「（自国より）日本の方がお給料がよかったから来た」と語る者が多く，来日後，国の家族に仕送りをするなど，出稼ぎの要素が色濃い．

来日動機についてJは次のように語っている．「両親は農業をしていて，現金収入がほとんどなく家が貧しかったから，学校（電気関係の専門学校）に行きながら電気修理の仕事をしていた．でも，そこも途中で辞めて仕事をしなければならないほど生活が大変だった．学校の服1枚だけという生活だった．だからお兄ちゃんが先に日本に来て仕事をしていたので，私もお金をたくさん稼ぐために日本に来た」．

またAは，「インドで大学を出ても，ムスリムだからいくつもの会社から断

わられた．ようやく就職できたのはスパイスの会社だったけど，やりがいのある仕事だとは思えなかった．別の仕事を探そうと思っていたときに，日本にいる友だち（インド人）が，日本に来れば仕事がたくさんあると教えてくれた．日本のことはテレビでよく放送されていたから知っていた．日本人はいい人で，親切で，礼儀正しい．技術が進歩している国．何もかもがいい国だと紹介されていたから，日本に来て建設現場で仕事をした」と語る．

　日本語学校の学生として来日したDは，「学校は半年で辞めた．生活のためにお金が必要だったからいろんな飲食店でアルバイトをした．それでも生活が苦しかったから，ネパールの雑貨のインポートもした．注文があったときにインポートして，雑貨店に卸してた」という．

　擬似亡命派も1ケース存在している．「パキスタンで政治活動をしていて，パキスタンにいられなくなって，オマーン経由で日本に逃げてきた」Hは，日本に上陸後，難民認定[7]の申請をしたが，認定を受けることができなかったため，約2か月間「ダンボールの生活（ホームレス）をしていた」という．その後，在日のイラン人やパキスタン人に助けられてパチンコ部品の工場に就職している．

　以上のように，夫の来日の動機はさまざまである．なかには結婚するまでオーバーステイの状態であったが，日本人と結婚することによって在留特別許可を申請し，「日本人の配偶者等」の在留資格を得た者もいる．

4　ふたりの出会い

　22ケースのうち，3ケースは夫と妻が第三国で知り合い，結婚するために夫が来日しているが，19ケースは日本で知り合っている．

　アメリカの語学学校で同じクラスだった夫と知り合ったR（妻）は，「私の父が，『結婚して外国に住むのなら反対．こっち（日本）で生活するなら許す』って言うから，主人に日本に来てもらうしかありませんでした．でも，主人にとって日本は未知の国だったから日本に来る決断ができなくて，私が帰国して

から結婚まで2年かかりました」と語る．

　圧倒的多数を占める日本で知り合ったケースのうち，もっとも多いのは職場（10ケース）で約半数を占め，友人の紹介（4ケース）がこれに続いている．職場で知り合ったケースは，①妻が，夫が働いていたレストランの客だった，②夫が，妻が働いていた店の客だった，③夫が工場で働き，同じ会社で妻が事務をしていた，の3つに分類できる．

　N（妻）は，「小学校の頃からトルコの遺跡に興味がありましたが，家族でトルコ旅行をしたのがきっかけでトルコが大好きになりました．トルコ料理の味が気に入って帰ってきたので，トルコ料理店に家族で行って，そこで働いていたのが彼だったんです．それからも何度か友だちとそのお店に行くようになって，彼と度々話をするうちにつき合うようになりました」と語る．

　また，S（妻）は，「両親がコンビニをやっていて，私も手伝っていました．そこによく買い物に来る外国人が主人でした．主人がコックをしながら，休みの日にちょっとだけやれるアルバイトを探していて，アルバイト探しの雑誌をうちで買ったんです．でも，字が読めないから，読んでほしいって頼まれて，それから話をするようになりました」という．

　さらにH（夫）は，「（職場で）外国人だから，『あれやれ，これやれ』って言われて，きたない仕事とか，難しい仕事をさせられた．難しい仕事で時間がかかると，『まだできないのか』って怒鳴られたり．僕よりも後に入ってきても，日本人は楽な仕事をしていたし，お給料もよかった．仕事でいじめられている僕に優しくしてくれたのが，（同じ会社で事務をしていた）奥さんだった．奥さんの顔を見ると，もう少し頑張ろうって気持ちになれた」と話す．

5 レストラン開店の動機

(1) 夫側の動機
(a) 来日前からの夢
〈ビジネスのひとつとして〉

　パキスタンで日本からの輸入車のディーラーをしていたB（夫）は，日本でビジネスをして成功したいという夢をもって来日した．「日本に来てすぐに自分で商売をはじめるのは無理だったから，おもちゃの製造工場で働きながら，休みの日に，知り合いのパキスタン人がやっている中古車の輸出の手伝いをしていた．毎日，毎日，休みなしで働いて，1年後に独立して中古車の輸出業をはじめた．独立して1年ちょっとたったころ，友だちの紹介で奥さんと知り合って，半年後に結婚した．翌年，有限会社にして，中古車の輸出業とともにスパイスの輸入業もはじめた．もっとビジネスを広げたかった．それが生き甲斐だし，子どもや奥さんを幸せにしたい．次に何かやれそうなビジネスはないかと考えていた．それでレストランをはじめた．成功しそうな商売ならどんどん広げていきたい」と語る．B（夫）のように，中古車の輸出業やハラール食品店などのビジネスと並行してレストラン経営をはじめたのは6ケースある[8]．[9]

　B（妻）は，「知り合ったときから，主人が車の仕事をしていたので，結婚したら私も仕事（日本語教師）を辞めて，商売をやるつもりはありました．新しいことを考えて，やっていくのはやりがいがあると思いました．でも主人はよく，あれもやりたい，これもやりたいって暴走するから，その手綱を締めるのが私の役目です」と語る．

〈コックとして独立〉

　レストランを経営しようと思った理由の1つに，「人に使われたくなかった」を挙げる者が多く，特にコックとして来日した夫たちは，「独立して自分の店をもつことが夢だった」と話す．

第8章　国際結婚とエスニックレストランの展開　171

「コックをするからには，料理長になりたいと思っていた」というC（夫）は，「ネパールで13歳のときから，中華料理店で住み込みで働いていた．朝は学校に行き，学校が終わってから仕事をした．26歳のときにおじさんと兄弟で印刷業をはじめてうまくいっていた．でも，コックとして働いたことを無駄にしたくなかった．またチャンスがあればコックをしたいと思っていた．そんなとき，日本のインド料理店がコックを探していると聞いて，面接を受けた．でも，日本に来てからが大変だった．社長はとてもいい人だったけど，インド系の人が（コックとして私の）上にいて，自分のやり方をさせてもらえなかった．日本料理でもそうでしょ．板前さんたちは，上の人の命令をきかなければいけない．コックの世界はみんな同じ．私のプライドが傷つけられた．今まで人に使われたことがなかったし，（仕事で）命令されたこともなかったから，ストレスで胃潰瘍にもなった．ネパールで中華料理店で働いていたけど，住み込みといっても，その家族のように扱ってもらっていたから，上から命令されることもなかった．人に使われるのが嫌で早く独立したかった」という．

　これに対してC（妻）は，影で夫を支えている．「仕事のことに私が口出しするのを嫌がるから，何も言わないようにしている」という．「でも，日本語の読み書きができないから，メニューを書いたり，書類関係は私の仕事です」と語る．

(b)　来日後の夢

　D（夫）は，「外国人が，特にアジア系の僕が日本で雇われていても生活はギリギリ．ご飯代，アパート代，うちには子どもがいないけど，いたら教育費がかかるでしょ．夢もなければ何もない．ちっちゃい店でももつことができればいいと思っていた．儲からなくっても夢があるでしょ」と語る．

　D（妻）は夫と知り合う前からネパールに興味があり，ひとり旅をしたこともある．「結婚するときからレストランをもつことはわかっていたことだから，同じ夢をもちたいと思って勤めていた会社を辞めた」という．

(c) リストラ

　不景気の影響を受けて，働いていた会社からリストラされた結果，レストラン経営に乗り出したのは4ケースある．G（夫）は，「家が苦しかったから，ちょっとでも親を助けたいと思って，高校を3か月で辞めて，生地を作る工場で7年間働いた．もっとお金になる仕事がしたくて日本に来た．俺が楽をしたいんじゃなくて，父ちゃんと母ちゃんに楽をさせてやりたかった．電気関係の部品を作る工場で働いていたとき，不景気で仕事がないと社長から，『一週間休んでくれ』って言われた．俺も生活があるし，奥さんだっているんだから，仕事をしなければいけない．だから，暇になるとアスファルト（道路工事）の仕事もした．景気が悪くなるとまず，『外人さん休んでもらいます』って言われて，次に『外人さん辞めてもらいます』っていうことになって，仕事がなくなってしまった．結婚してすぐのことだったし，本当に困った．手が黒くなっても，顔が黒くなっても仕事があれば何でもする．人に雇われていると，向こうの都合で首を切られる．もう，苦労しても，借金しても，自分で（商売を）やるしかないって思った」と語る．

　これに対してG（妻）は，「日本人でも（商売をするのは）難しいのに，このあたりでインド料理屋をしたってお客さんは来ないと思って反対しました」という．G（夫）は，「奥さんの父ちゃんも大反対．だって，父ちゃんの田んぼに店を建てたいって言ったから，『失敗したら，借金どころか，俺の土地までなくなる』って言われて．半年かけて奥さんを説得してから，ふたりで父ちゃんにお願いして，ようやく『まぁ，やってみろ．損しても知らんぞ』って言われた」と話す．

(2) 妻側の動機

　「ふたりで店をもとうと彼女の方から言い出した」とA（夫）は語る．「前の仕事で私は保険に入ることができなかった．現場の仕事をしているのに保険がないということを彼女はとても心配してくれた．イスラームでは商売をするこ

とを勧めているから，私もいつか商売をしたいと思っていた．最初は，車（中古車）の輸出をしようかとも考えたけど，私がインド人であることをアドバンテージにできて，彼女の今までの仕事も活かせるのはインド料理店だと，ふたりで話し合って決めた」．A（妻）は，「専門学校を出てから，18年間，旅行関係の仕事（ツアーコンダクター）をしてきました．1年に200日以上，海外で過ごしていましたが，いつまでもこの仕事をしていられるわけではないし，体力がもたなくなったら辞めなければならないということを考えるようになっていました．でも，次の仕事への移行が難しくって……．仲間の多くは，結婚して専業主婦をしているけど，私は，今までやってきたことを活かせる，何かやりがいのある仕事を見つけたかった」と語る．また，「仕事で多くのお客様を海外にお連れしましたが，もっと多くの人にいろいろな文化を知ってもらいたいというのが私の願いでした．海外旅行だと，時間的にも経済的にも余裕のある人に限られてしまいますが，レストランだと気軽に来てもらえるし，食を通して異文化を理解してもらえるんじゃないかと考えるようになったんです」という．

　このように，夫のエスニック特性と，妻のツアーコンダクターとしての経験を活かせるビジネスとしてレストラン経営をはじめたケースもあるが，第三国で知り合い，結婚するために夫が来日したR（妻）は，「夫に独立して成功してほしい」と，レストラン経営の話を持ち出した．「外国人が日本に来て成功できる仕事というのは限られているでしょ．日本語を話せても，読み書きができないし．料理が得意（コック）だったから，成功するためにはレストランしかなかった．それが，（外国人である）夫を立てる自然なかたちだと思った．でも，言語にしても，信頼度にしても，外国人が日本で成功するって難しいじゃないですか．それを日本人であり，妻である私がカバーしないとって思った」と語る．

6 レストラン開店の経緯

(1) 開店資金

　すべて自己資金で開店したのは22ケース中8ケースで，妻，妻の父親，妻の母親のいずれかの名義で，銀行や国民生活金融公庫から融資を受けて開店したのは7ケースである．このうち担保が必要であったのは5ケースで，すべて妻の実家の土地を担保にしている．このほか，開店資金の全額または一部を妻の実家から借りた4ケース，夫の友人（日本人）から借りた2ケース，日本人の友人と同国人の友人から借りた1ケースがある．

　担保がなく，保証人も見つからないなかで，「苦労して，苦労して，担保も保証人もいらない公庫を見つけて借りた．極限まで経費を切り詰めた」というEもいれば，妻の実家から開店資金を借りたNのようなケースもある．N（夫）は，「開店資金の1000万円は全部奥さんの実家が貸してくれました．私の弟は，『奥さんの家族からいっぱいお金をもらったのに，私の家族は何もない．給料は生活できる分だけでいい』と言って，開店してから1年間はとても安い給料で働いてくれました」と語る．

　資金面で苦労しながら開店しているレストランが多いなか，経費を節約するために，居抜きで店舗を借りたという16ケースのうち，自分たちでペンキで壁を塗ったり，クロス張りをするなど，内装も手づくりであるというレストランが9ケースある．新築であっても，できる限り自分たちの手づくりでオープンしたGは，「メニューは奥さんがパソコンで作ってくれた．店のテーブルは木材店で木を買ってきて俺が作った．店の看板だってホームセンターで材料を買ってきて俺が作った．お金を節約したいというのもあったけど，自分でできることは自分でしたかった．ここまで頑張ってだめなら仕方ないけど，頑張らないのにだめになったら後悔するでしょ」と語る．

(2) 保証人

　店舗を借りている19ケース中，保証人が必要であったのは16ケースである．このうち，妻の親が保証人になっているのは10ケースで過半数を占め，これに，妻（3ケース）と夫の友人（3ケース）が続いている．店舗を借りる際に「保証人が土地もちかどうか，保証人の年収まで聞かれた」という者や，大家さんから「あんたなら貸すけど，旦那さんには貸さない」と言われ，妻が名義上の事業主になり，妻の父親が保証人になったという者もあるが，地方では「大家さんが顔見知りだったから保証人なしで貸してもらった」，「友だちが店の上のアパートに住んでいたから，保証人なしで貸してくれた」という者もあった．

　金融機関から融資を受けるために名義を貸したり，店舗を借りる際に保証人になっている妻の親たちすべてが，最初から結婚に賛成していた訳ではない．結婚の意思を告げた時点で22件中10件の親が反対をしている[10]．交際をはじめたときから外国人だからという理由で反対されていたN（夫）は，「奥さんのお父さんとお母さんが賛成してくれるまで，2～3日に1回ぐらい奥さんの家に行って，私のことをわかってもらうようにした．家族とは仲良くしておかないと．それはきちんとやっとかなくっちゃいけないことだ」と語り，N（妻）も「時間があればうちに来てくれて，とても両親によくしてくれた」と語るように，8か月かけて妻の親を説得してからは，妻の親は結婚に理解を示し，レストランの開店にも協力している．

(3) 従業員

　アルバイトも含めて平均2.5人の従業員を雇っており，このうち夫と同じ国または地域の出身者は平均2.0人である．従業員として，自国から親族を呼び寄せているのは22ケース中8ケースある．兄弟4人と，義兄とその息子の合計6人で2つの店を切り盛りしているI（夫）は[11]，「自分の身内でやった方が安い（人件費を抑えることができる）し，安心だ」という．

また，妻の親やきょうだいがレストランを手伝っているケースも3ケースある．Eでは，人手が足りないときに妻の妹が手伝いに来る程度であるが，Vでは妻の父親がフロアーを担当し，Rでは妻の母が厨房を手伝い，弟がフロアーを担当している．約半数が，夫または妻の親族の手伝いを得てレストランを営んでいるのである．

7　妻の果たす役割

　妻の果たす役割は店によってさまざまであるが，日本語の読み書きができない夫に代わって，従業員のビザ申請などの書類関係や経理はすべて妻が行っているのが14ケースある．また，メニューは業者に頼むと費用がかかるため，大半が妻の手書き，または妻がパソコンで作ったものを使用している．このほか，美大を卒業した妻が店の看板を描いたQや，デザイン関係の専門学校を卒業してコンピューターグラフィックスの仕事をしていた妻が店の垂れ幕を作ったPのようなケースもある．

　飲食業の経験がまったくなかった妻たちも多く，彼女たちはレストラン経営が成功するようそれぞれに努力をしている．「事務しかしたことがなかったから，レストランをするということになってから，インド料理店で3か月ほどアルバイトをして，接客業の勉強をしました」というO（妻）や，「コックに聞いても教えてくれないので，見よう見まねでインド料理の作り方を覚えました」というL（妻）のほか，B（妻）は「パキスタンから新しいコックが来ると，自分のやり方を捨てて，うちのやり方にしてって言うんです．そんなに油を使わないでねとか．でも，コックはコックとしてのプライドがあるから，そんなこと言われるのを嫌がるでしょ．ナンの大きさや焼き方がひとつひとつ違っていたり．パキスタンはそこまで細かくないんです．私が何もできないと，コックがなめてかかって言うことを聞いてくれないから，最近では私も厨房に入ってナンを焼いたり，料理を作ったりしています．急にコックが休んだりしても大丈夫なようにしておかないとね」と話す．

また，S（妻）は，「男の人って，金銭面で非現実的なところに飛んでっちゃうことがあるじゃないですか．それを私が止める．彼はいろんなアイデアを出す人で，なんでもやりたがる．この店を出したところなのに，もう，次の店を出したいって言って，いろんなところ（店舗）を，見に行ったりもしている．ここもきっちり回ってないのにどうするのって感じで．店をいくつも出したら管理が大変．絶対目の届かないところが出てくるし．『先の計画がちゃんとしてなきゃだめよ』って言うと，『うるさい』って言われて喧嘩になる．ただ，男の人の夢を止めてはいけないなっていうのがあるんで，頭ごなしにだめだっていうんではなくって，どこまでがよくって，どこからがだめなのかっていう境界線の見極めが難しい」と語る．

8　信　仰

(1) イスラーム

夫の宗教はイスラームがもっとも多く12人．これにヒンズー教（7人），キリスト教（2人），仏教（1人）が続いている．

イスラームでは飲酒を禁止しているため，ムスリムが経営するレストランのうち2軒ではアルコールをまったく置いていない．そのなかの1軒であるK（夫）は，「僕も奥さんも日本での食事が一番問題．店やうちにいるときはハラールのものを食べられるけど，車の商売（レストランのほかに中古車の輸出業も営んでいる）で遠くに行ったら，とても大変．うどんを食べるか，コンビニでパックのご飯を買って食べるか．日本は何に豚が入っているかわからないから．日本で子どもをムスリムとして育てるのは難しい．学校の給食のこととか問題．何年かしたら，子どもをムスリムとして育てやすい国に行きたいと考えている」と，日本でイスラームの教義を遂行する難しさについて語っている．一方，A（夫）のように，「店をはじめるときに，できるならアルコールは置きたくないと思った．でも奥さんに，日本でそんなことしてたら夕食にお客さんが来なくなるって言われて置くことにした」と話す者もいる．

ムスリムが経営するレストランでは，アルコールは置いていても豚肉を使ったメニューはなかった．「宗教っていうよりも，豚肉を食べるのは気持ちが悪いから出さない．あなた，ねずみを食べたくないでしょ．そんな感じ」とT（夫）はいう．B（夫）は，「日本でビジネスをやっているから，日本の考えで商売をしている．向こうの考えを出すと商売がダメになると思って，店で豚肉料理を出していたときもあったけど，ムスリムのくせに豚肉を出しているってクレームが来た．それからは豚肉は出していない」と語る．

　ムスリムと結婚した12人の日本人女性のうち，8人がイスラームに改宗しているが，そのなかでBとJの2人は「結婚のために書類上，改宗した」という．B（夫）は，「日本でイスラームの生活をするのは難しいから，日本にいれば日本の生活をすればいい」と語り，B（妻）も，「お祈りをしたり，ヒジャーブをかぶったりはしていませんが，かたちではなく，気持ちがきれいであるように心がけることが大切だと考えています」と語る．

　夫よりも妻の方が敬虔であるケースもある．L（妻）は，常にヒジャーブをつけて店に出ている．「主人を通してイスラームに巡り合えた．ピッタリくる宗教だった」と言い，「お客さんにもイスラームの話をする．イスラームの話をすると，お客さんの気持ちがふわっとなる．料理を通して，インドのことだけじゃなく，イスラームのことも理解してほしい」と語る．

　ムスリムと結婚した12人の日本人女性のうち4人はイスラームに改宗していない．しかし，そのうちO（妻）とA（妻）は，夫が嫌がるので豚肉を食べないという．O（妻）は，「主人はいつか改宗して，イスラーム名をもってほしいって言うんです．今はまだ，イスラーム教のことは何もわからないので，もう少し考えてから決めます」と語り，A（妻）は，「私は仕事（ツアーコンダクター）の関係上，多くの宗教に触れてきましたし，その歴史も勉強しました．そんななかで，自分に一番合っているのは小乗仏教だと思っています．一般の日本人よりも仏教徒らしい仏教徒なんです．だから今は，お互いの信条を尊重しようと主人と話しています」と語る．A（夫）も，「うわべだけイスラーム教

徒になってもらっても嬉しくないから，彼女の気持ちが自然に変わっていくのを待っている．そういう時期が来たら改宗してほしい」という．

(2) ヒンズー教

　ヒンズー教では牛肉を食べることが禁止されているため，レストランのメニューでも牛肉を使わず，夫もいっさい牛肉を食べないというPのようなケースもあれば，レストランのメニューでは牛肉を使わないが，夫は「牛肉を食べるし，焼肉が大好きだ」というSのようなケースもある．また，レストランのメニューでも牛肉を使い，自分も牛肉を食べるというF（夫）は，「日本人のお客さん相手のレストランなんだから，牛肉は使いませんなんて言ってちゃ商売にならない」と語る．

　ヒンズー教徒は原則として親がヒンズー教徒である場合に限られているため，日本人妻はヒンズー教徒との結婚に際して改宗する必要がなく，食事や生活の規制も強くないため妻の生活を変えることはほとんどない．子どもの育て方は，P（妻）のように「子どもを敬虔なヒンズー教徒として育てたいので，学校に行くようになったら給食のことが心配だ」と語る者もいれば，S（妻）のように「子どもをヒンズー教徒として育てる気は全くありません」と語る者もおり，夫の信仰心や，将来どこに住むのかなどによって違いがみられる．

9　国際交流の担い手

　本調査対象者のなかには，地域の国際交流の担い手として活躍している人々がいる．たとえば，Fは「インドのことをもっとみんなに知ってもらいたい」との願いから，地域の小・中学校や高齢者福祉施設に出かけて行き，ボランティアでインド料理教室を開いている．「子どもたちやお年寄りと料理を作りながら，インドの国や文化について話をする」という．

　またLは，店に小学生を招待して，インド人や文化に直接触れられる場を提供している．「食べ物から入るのが一番わかってもらいやすい．子どもたちに

肌で感じてもらえる．子どものときに経験したことは大人になっても忘れない．子どもたちにインド料理を通してインドのことやイスラームのことを知ってほしい」という．さらにVは，障害をもった人たちと親睦を深めていきたいと，毎月1回，授産所に通う人たちを店に招待している．

このように，エスニックレストランの経営者のなかに，地域の国際交流の担い手として活躍している人々がいる．

10　エスニックレストラン展開の要素

H. アルドリッチとR. ウォルディンガーのエスニックビジネス展開の3要素[12]を参考に，国際結婚カップルのエスニックレストラン展開の要素として，「市場条件」「エスニック特性」「妻側の支援」の3つを挙げ，以下で考察する．

(1)　市場条件

1980年代半ば以降のニューカマー外国人の増加や，日本人の海外旅行者の増加により，エスニック料理が身近になってきたことと，リーズナブルな価格設定により，若者を中心にエスニック料理の市場が広がった．

本調査対象の約3分の2を占めるインド料理店の場合，付表8-1「プロフィール」からも明らかなように，インド人だけでなく，パキスタン人，ネパール人，スリランカ人，バングラデシュ人が経営している．M（夫）が，「開店当初『ネパール料理』という看板を出していたが，日本の人はネパール料理っていっても，『何それ？』ってわかってもらえないから，インド料理という看板に替えた．インド料理なら，子どもからお年寄りまでカレーだってわかってもらえる」と語るように，「インド料理＝カレー」というイメージが定着しているため，比較的一般市場に参入しやすかったと考えられる．

またトルコ料理店の場合は，E（妻）が「トルコ料理は日本人の口に合うから，エスニックブームに乗って受け入れられるんじゃないかと思ってはじめた」と語るように，近年のエスニックブームを背景として，日本の市場でエス

ニック料理が受け入れられやすくなったと思われる．東海3県ではじめてトルコ料理店をオープンしたEが成功して以来，後続のトルコ料理店が4年間に同じ市内に4軒オープンした．そのうちの3軒はEから独立した人々であり，国際結婚をすることによって，またはオーナーや共同経営者として日本人が存在することによってトルコ料理店を展開している．先行者が既に成功している例があるため，市場条件が整っていたといえる．

(2) エスニック特性

　来日前または来日してから，日本で何かビジネスをしたい，そのために自分のエスニック特性を活かせるレストランを選んだのは，コックとしての来日も含め，22ケース中12ケースである．

　フランス料理やイタリア料理の修業に外国へ行く日本人は多いが，エスニック料理の修業に外国に行く日本人は少ないうえ，エスニック料理は外国人が作るというイメージが一般にあるため，エスニック特性を活かしやすいのがエスニックレストランであるといえる．

(3) 妻側の支援

　本調査対象のいずれの夫も，資本を自国から持ち込んでビジネスを営んでいるのではなく，ゼロから日本でたたき上げているため，最初に直面するのが開店資金の問題と店舗を借りる際の保証人の問題である．この点については既に考察したが，開店資金については，外国人が金融機関から融資を受けることが極めて難しいため，妻または妻の親族の名義で借り入れをしている7ケースのほか，妻の実家から借りているのが4ケースある．半数が資金面で妻の実家の協力を得ている．また，店舗を借りる際に外国人が日本人の保証人を得ることも困難であるため，妻や妻の親族が保証人になっているケースが過半数の13ケースある．資金面だけでなく，精神面でのサポートはもちろんのこと，経理やメニューの作成，日本人好みの味付けのアドバイスなど，妻はビジネスパー

トナーとして重要な役割を担っている．

結婚から開業までは平均3.1年であるが，第三国で知り合い，妻と結婚するために夫が来日したE，R，U，および12歳のときに親とともに日本に移住してきたQを除いた平均は1.9年である．E，R，Q，Uを除くと，日本人妻と結婚してから2年足らずで日本でビジネスをはじめている．「知り合ったときから商売がしたい，商売がしたい」と夫が言っていたなど，多くの夫は，妻と知り合う前から日本でビジネスをすることを希望しており，日本人妻を得ることでその夢を実現させている．

国際結婚カップルが経営するエスニックレストランにおいては，市場条件，夫のエスニック特性，妻側の支援が融合して，ビジネスが展開されている．ビジネスパートナーが妻であるがゆえに，絆もより強いものであるといえる．

11 考　察

本調査結果から，外国人が労働者として日本社会に組み込まれるのではなく，日本人妻および親族の協力を得，自らのエスニック特性を活用してレストランを経営し，経済的な上昇を図る様子を垣間見ることができた．

I．ライトはアメリカで移民やマイノリティが自営業を展開する理由の1つとして「排除仮説」を挙げている．すなわち，彼らは言語能力の不足，社会的差別などにより労働市場から排除され，生活の糧を得るためには自営業へ向かわざるをえないことが，特定のエスニック集団の自営業への集中をもたらしたとするものである．[13]ところが本調査においては，レストランをオープンした理由として，リストラなど労働市場から排除されたからと回答したのは22ケース中4ケースであるのに対し，自分で商売をすることは，来日前または来日してからの夢であったと回答したのは12ケースであり，労働市場から排除されたというだけの理由でビジネスをはじめたわけではないことがわかる．[14]彼らは生活の向上と，コックとして独立または単純労働者からの脱却といった夢を妻と共有し，妻の協力を得ることでそれを実現させたのである．しかし，彼らの多

くは，レストラン経営が到達点なのではなく，それをステップとしてさらなる事業の展開を夢見ている．

また注目すべき点は，エスニックレストランの経営者たちのなかには精力的にボランティア活動を行い，地域の人々に自国への理解を深めてもらおうとしている人々がいることである．ビジネスだけでなくボランティアとしても国際結婚カップルは国際交流の担い手になっているのである．

注
- （1） 田巻松雄「滞日アジア人の動向―日本の国際化との関連から―」駒井洋編『定住化する外国人』明石書店，1995年，pp. 263-264
- （2） 伊藤泰郎，駒井洋，田嶋淳子による「エスニックビジネス」の定義を参考にした．伊藤泰郎「関東圏における新華僑のエスニックビジネス―エスニックな絆の選択過程を中心に―」日本都市社会学会編『日本都市社会学会年報』第13号，1995年，p. 5．駒井洋『日本の外国人移民』明石書店，1999年，pp. 124-125．田嶋淳子『世界都市・東京のアジア系移住者』学文社，1998年，p. 187
- （3） 伊藤泰郎「エスニックビジネス」駒井洋編『新来・定住外国人がわかる事典』明石書店，1997年，p. 131
- （4） 月数は切り上げて換算した．
- （5） 妻の父が代表取締役または事業主になっている2件は名義上の代表であり，実際には妻の父は別の仕事をもっている．また，妻の母が代表取締役または事業主になっている2件のうち1件は名義上の代表者であり，もう1件は妻の母もレストランの厨房で働いている．
- （6） 日本では，外国人の単純労働が認められていないため，観光ビザで入国している．
- （7） 「出入国管理及び難民認定法」に基づき，「人種，宗教，国籍若しくは特定の社会的集団の構成員であること又は政治的意見を理由に迫害を受けるおそれがあるという十分に理由のある恐怖を有するために，国籍国の外にいる者であって，その国籍国の保護を受けることができないもの又はそのような恐怖を有するためにその国籍国の保護を受けることを望まないもの」を難民と認める制度．法務省入国管理局編『出入国管理―国際化時代への新たな対応―平成4年版』，p. 139
- （8） 第6章注（15）を参照されたい．

付表8-1 プロフィール

	業　種	夫の国籍	夫の年齢	妻の年齢	来日	結婚	開業	子ども
A	インド料理店	インド	20代	30代	1999年	2002年	2002年	なし
B	インド・パキスタン料理店	パキスタン	30代	30代	1988年	1991年	1993年	3人
C	インド・ネパール料理店	ネパール	40代	30代	1990年	2001年	2001年	1人
D	ネパール料理店	ネパール	30代	30代	1986年	1989年	2001年	なし
E	トルコ料理店	トルコ	40代	40代	1982年	1982年	1998年	2人
F	インド料理店	インド	30代	30代	1991年	1992年	1998年	1人
G	パキスタン・インド料理店	パキスタン	30代	30代	1989年	1997年	1998年	1人
H	インド・パキスタン料理店	パキスタン	20代	20代	1990年	1995年	2002年	なし
I	インド料理店	インド	30代	20代	1992年	1996年	1999年	2人
J	トルコ料理店	トルコ	30代	60代	1994年	1997年	2001年	なし
K	インド・スリランカ料理店	スリランカ	40代	30代	1991年	1998年	2000年	1人
L	インド料理店	インド	40代	40代	1992年	1992年	2000年	2人
M	インド料理店	ネパール	30代	30代	1992年	1995年	2000年	1人
N	トルコ料理店	トルコ	20代	20代	1999年	2001年	2001年	1人
O	インド料理店	バングラデシュ	30代	40代	1993年	2000年	2001年	2人
P	インド料理店	インド	30代	20代	1993年	2000年	2000年	1人
Q	タイ料理店	タイ	30代	20代	1978年	1990年	1998年	なし
R	メキシコ料理店	メキシコ	30代	30代	1990年	1990年	1998年	なし
S	インド・ネパール料理店	ネパール	30代	30代	1996年	2000年	2002年	1人
T	インド・パキスタン料理店	パキスタン	30代	30代	1998年	1998年	2001年	なし
U	メキシコ料理店	メキシコ	30代	40代	1990年	1990年	1995年	3人
V	インド・パキスタン料理店	パキスタン	40代	30代	1992年	1998年	2001年	なし

(9) 中古車輸出業もハラール食品店も,規模が小さければ,レストランを開店するほど多額の資金を必要とせずにはじめることのできるビジネスである.事務所や店舗を構えることなく,自宅でビジネスを行っているケースも多い.
(10) 結婚の意思を告げた時点での夫の親の反対はなかった.
(11) 妻は,子どもが小さいため,現在は週に1回程度しか店に顔を出していない.
(12) アルドリッチとウォルディンガーによれば,エスニックビジネス成立の要素は,第1に「機会構造」で,エスニックビジネスが扱う商品やサービスが受け入れられる市場条件,およびこれを拡大した一般市場(非エスニック市場)への参入の可能性である.第2に「集団特性」で,文化,野心,エスニックな社会的ネットワーク,一般的な組織能力などが挙げられる.第3に「エスニック戦略」で,機会構造と集団特性の相互作用からあらわれるものである.具体的には,エスニックビジネスを担う主体が目の前に存在する商売のチャンス(機会構造)を活かすために,手持ちの資源(集団特性)をどのように利用するかという選択をあらわしている(Aldrich, H. E. and W. Roger, "Ethnicity and Entrepreneurship", *Annual Review of Sociology*, vol. 16, 1990, p. 114. 伊藤泰郎「エスニック・ビジネス研究の視点—ホスト社会や既存の移民社会に対する外国人の主体的対応—」東京都立大学大学院社会学研究会編『社会学論考』第15号,1994年,p.85).アルドリッチとウォルディンガーのエスニックビジネス成立の要素を用いた先行研究として,伊藤泰郎が行った関東圏における新華僑のエスニックビジネスの調査研究,および田嶋淳子が行った池袋地区のエスニックビジネスの調査研究がある(伊藤泰郎,前掲論文,1995年,pp. 5-21. 田嶋淳子,前掲書).
(13) Light, I., "Disadvantaged Minoritiesin Self-Employment", *International Journal of Comparative Sociology*, vol. 20 (1), 1979, p. 32. 伊藤泰郎,前掲論文,1994年,pp. 71-72
(14) 田嶋淳子は池袋地区の調査結果から,アジア系移住者にとって自営業の起業がほかに選択がないために選ばれたのではなく,むしろ経済的な達成と独立のために選ばれていると述べている.田嶋淳子,前掲書,p. 186

結　論

国際結婚の増加にともない相手の国籍や宗教が多岐にわたるようになり，その組み合わせも多様になってきている．本書では，国際結婚の組み合わせ別の考察として，戦前から存在し，歴史のある組み合わせとして台湾人男性と日本人女性のカップル，および歴史的にみて極めて少数であったが，1980年代半ば以降増加した外国人ムスリムと日本人女性のカップル，およびエスニックレストランを経営するニューカマー外国人と日本人女性のカップルを取り上げた．

　Ⅰ「台湾における国際結婚」では，夫台湾人・妻日本人のカップルに焦点をあてた．台湾では，台湾人男性と日本人女性の結婚が，日本の統治時代から半世紀以上を経て，近年再び増加しているが，その内容が日台関係の変遷や台湾社会の変容により変化してきている様子を第1章「日台関係の変遷と日台結婚の変容」と第2章「世代別にみる日台結婚の実態」で考察した．

　「日本に対して理解のある裕福な家庭で育った台湾人男性が日本に留学し，そこで知り合った日本人女性と結婚する」というパターンから，1980年代後半以降になると，「戦後教育を受け，日本語を解さない親に育てられた台湾人男性が，第三国や台湾で日本人女性と知り合って結婚する」というパターンに移行している．1980年代後半は日本のバブル経済期でもあり，日本人女性の海外留学が増加した時期でもある．

　日本人妻の台湾への適応にも世代差がみられる．「台湾に嫁いだ以上は（台湾の生活に）合わせるしかありませんでした．トラブルを避けるために極力そうしました」と80代の妻が語るように，台湾（中華民国）に帰化し，台湾人として暮らしてきた世代から，日本国籍を保持し，日本の生活習慣を保ちながら，台湾に適応する世代への移行である．子どもたちに日本語や日本文化を伝えたいという日本人妻たちによる日本語教室が台湾各地ではじまったのも，そのあらわれである．日台関係の変遷や，家族形態の変容も，日本人妻の台湾への適応の世代差に影響しているといえる．また，彼女たちは住みやすい環境づくりのための活動を展開している．台湾の民主化という追い風があったとはいえ，「居留問題を考える会」をはじめとする諸団体の尽力による一連の法改正によ

り，台湾で日本人妻を含む外国人配偶者が不安なく生活するための法律が整備されたのである．

　第3章「異文化適応と結婚満足度」では夫台湾人・妻日本人のカップルの結婚満足度を規定する要因を検証した．その結果，夫が日本の文化を受容しているか否かは夫および妻の結婚満足度に影響がなく，妻が台湾に適応していることと，夫婦を取り巻く社会環境が結婚満足度に影響していることが明らかになった．台湾に永住することを前提に生活しているカップルにとって，日本人妻が妻，母，嫁としての基本的な役割を遂行するためには台湾に文化的にも社会的にも適応することが必須になることと，世代によって，また家族によって程度の差はあれ，家父長制的な勢力関係が存在し，夫優位性規範が根強いことから，以上のような結果になったと解釈できる．しかし，彼女たちは日本の文化を捨てて，台湾の文化や社会に一方的に適応しているわけではない．バランスよく日本の文化や習慣を家庭内に取り入れながら台湾社会に溶け込んでいるのである．

　第4章「日本人妻の社会的ネットワークと結婚満足度」では，結婚満足度の規定要因を考察するにあたって彼らに固有の特性からの分析だけではなく，他者との関係からの分析，すなわちネットワーク分析も必要であるとの判断から，日本人妻の社会的ネットワークが夫と妻の結婚満足度に与える影響を検証した．その結果，妻が日本人のネットワークよりも台湾人のネットワークのなかで生活することを夫が望んでいることや，夫にとって妻が夫方親族と良い関係を保っていることが結婚生活を送るうえで重要であることなどが明らかになった．核家族化が進む台湾であるが，大家族規範は生きており，親族ネットワークは強い結束力をもっている．それによって日本人妻たちが夫方親族から情緒的・実用的サポートを受けることができる反面，ネガティブなサポートを受ける機会も多く，このことが結婚満足度にも影響している．しかしその一方で，彼女たちは台湾社会で自らのネットワークを構築しながら生活しているのである．

　第5章「台湾のテレビドラマ『家有日本妻』にみる日台結婚」では，台湾に

嫁いだ日本人女性を主人公にしたドラマから日台結婚の分析を試みた．「家有日本妻」では，「孝順」「面子」を重んじる台湾社会や，日本人のステレオタイプなどが描かれているが，姑が日本人妻（嫁）に期待する役割は，姑の世代の人々が嫁の立場だったときに期待された嫁役割である．しかし，今日的には，国際結婚斡旋業者を介する東南アジア出身の妻（嫁）に期待する役割でもあり，台湾人男性の外国人配偶者として一括できない国際結婚の複雑さがうかがえる．

　台湾では，経済成長や民主化に伴って国際結婚が変化してきている．国際結婚斡旋業者の介入により，台湾の低所得者，農業従事者，単純労働者の男性と，東南アジアや中国大陸の女性との結婚，ならびに偽装結婚が増加しているのである．

　豊かな生活を求めて，中国大陸から台湾にやってくる密航者，特に女性の密航者が急増しており，2003年1月から7月までに摘発された女性数は1,050人にのぼっている[1]．2003年8月26日には，中国大陸からの女性ばかりの密航者26人が台湾の警備艇に追跡され，密航を仕組んだ中国と台湾の「蛇頭」と呼ばれる集団に女性全員が海に突き落とされて6人が死亡する事件があった．同27日には13人，28日にはロシア人3人を含む34人と，3日間で女性ばかり73人の密航者が捕まっている．彼女たちは「騙された」と言っているが，台湾に来た目的は売春であり，社会問題になっている[2]．このような状況のもと，台湾人男性と中国大陸出身の女性との偽装結婚を防止するために，「居留ビザ」の申請時に面接が強化されるようになった．日台結婚とは関係のない話ではあるが，これらの事件を受けて，日本人妻たちの中には，「台湾における外国人配偶者への風当たりが強くなるのではないか」と懸念する声もある．

　II「日本における国際結婚」では，日本において近年増加している外国人ムスリムと日本人女性のカップル，およびエスニックレストランを経営するニューカマー外国人と日本人女性のカップルの考察を行った．第6章「外国人ムスリムと日本人女性の結婚—結婚満足度の規定要因—」では，各地のモスクに通う外国人ムスリムと日本人女性のカップルを対象に実施した調査から，結

婚満足度を規定する要因を検証した．その結果，妻がイスラームに適応することで夫と妻の結婚満足度が高くなることが明らかになった．また，妻がイスラームの教義を遵守しているか否かと，夫の国に移住する意思の有無とは関連が認められず，夫が教義を遵守しているか否かと関連が認められたことから，妻が敬虔なムスリマになるかどうかは，夫の信仰心によるとさえいえる．

　親族との関係においては，夫方親族とのつき合いに対する妻の不満が夫の結婚満足度を規定している．夫方親族とのつき合いに対して妻が不満をもっていないということは，妻がイスラームの教え，および夫の心情を理解し，さらに夫方親族を大切にしたいという気持ちのあらわれであることから，夫の結婚満足度を高くすると解釈できる．

　第7章「日本人妻のイスラームへの適応」では，第6章の数量的分析から明らかになった結婚満足度と妻のイスラームへの適応との関係をさらに掘り下げて考察するために，モスクに通っていない信者も対象に加えた第一次インタビュー調査と第二次インタビュー調査から，対象者の主観的な意識の様相を分析した．第一次インタビュー調査では，妻のイスラームへの適応の段階的変化として，「受け身」「葛藤」「拒否」「柔軟」「傾倒」の5段階を設定し，夫の信仰の程度や社会環境，および時間の経過とともに適用状況がどのように変化してきたかについての分析を行った．

　ムスリムとの結婚に際してイスラームを「受け身」で受け入れるまでは容易であるが，それまでの生活や価値観を変えなければならなくなると「葛藤」が生じる．敬虔なムスリムである夫は，妻も敬虔なムスリマであることを期待し，妻はその期待に応えることができるように，葛藤を経験しながらもイスラームの教義を遂行しているケースが多くみられた．妻に葛藤が生じたときには，夫の態度が妻のその後の適応に影響を与えている．夫が「柔軟」に対応することによって妻の葛藤が軽減され，そこから「柔軟」や「傾倒」に移行するケースや，夫が妻にイスラームへの適用を要求し続けることによって「拒否」に移行するケースなどさまざまである．

第二次インタビュー調査は，第一次インタビュー調査で妻が「受け身」「葛藤」「拒否」であったカップルを対象に，第一次インタビュー調査の3年後に行った．第一次インタビュー調査で妻は「受け身」であったが，夫から「ムスリマらしくしてほしい．自国の女性のように振る舞ってほしい」という要求が次第に強くなり，妻に葛藤が生じたケースや，第一次インタビュー調査で妻に「葛藤」が生じていたが，生活環境の変化が大きな要因となって「傾倒」に移行したケースを紹介した．しかし，「葛藤」が生じるのは妻だけではない．少数ではあるが，妻からイスラームを「拒否」された夫にも葛藤は生じている．イスラームを受け入れた側も，配偶者からイスラームを拒否された側も自分のそれまでの生き方や価値観との間で葛藤が生じるのである．そして，その葛藤を夫婦で克服しながら国際結婚家族を築いている．

　第8章「国際結婚とエスニックレストランの展開」では，エスニックレストランを経営する国際結婚カップルに焦点をあてた．外国人が労働者として日本社会に組み込まれるのではなく，日本人妻や親族の協力を得て，自らのエスニック特性を活用してレストランを経営し，経済的な上昇を図るとともに，彼らが経営するレストランを通して日本に異文化が紹介されている．国際結婚カップルは国際交流の担い手にもなっているのである．

　Ⅰ「台湾における国際結婚」でもⅡ「日本における国際結婚」でも，数量的分析において結婚満足度を規定する要因を検証した．その結果，台湾に居住する夫台湾人・妻日本人のカップルでは，夫と妻の結婚満足度は妻が台湾に適応している方が高くなるが，夫の日本文化受容とは関連が認められなかった．また，日本に居住する夫外国人ムスリム・妻日本人のカップルでは，妻がイスラームに適応している方が夫と妻の結婚満足度が高いことが明らかになった．

　その背景として，前者においては第1に，夫の文化・社会への適応＝居住国への適応が挙げられる．本調査対象者のほとんどが台湾に永住する意思をもっており，日本人妻が台湾での生活に適応することが前提となる．第2に，台湾において家父長制的な勢力関係が存在し，夫優位性規範が根強いことが挙げら

れる．後者においては，妻がイスラームの教義を遵守しているか否かと，夫の国に移住する意思の有無との関連が認められなかったことから，戒律の厳しい宗教の優位性と，男性の優位性が存在することが挙げられる．

ただし，台湾人の夫が妻に台湾社会への一方的適応を期待しているわけではなく，家庭内にバランスよく日本の文化や習慣を取り入れて生活している．また，夫外国人ムスリム・妻日本人のカップルの大半が夫婦の会話で日本語を使用しており，夫の出身国や地域，個人による差はあるものの，イスラームの教義に反しない限りにおいて，日本の文化や習慣を取り入れているカップルもある．

異文化適応のほかに結婚満足度を規定する要因として，夫方親族との関係が挙げられる．夫婦間では問題がなくても，そこに親族がかかわることよって軋轢が生じることがある．もっともこれは日本人同士の結婚にもあり得ることであるが，台湾社会もイスラーム社会も親族ネットワークが強い絆で結ばれており，それによってさまざまなサポートを受けることがある反面，問題が生じることもある．

本調査対象の夫台湾人・妻日本人のカップルは台湾に居住しているため夫方親族との接触が多い．台湾では親族関係は伝統的に夫方の親族集団を中心に形成されており，核家族化が進む今日でも大家族規範が強く生きている．核家族のなかで妻の立場が強いことはあっても，大家族のなかでの嫁の立場は弱く，地位も低い．夫の親の過干渉や，夫婦の親密性を脅かすのではないかと妻たちが危惧するほどの親子間の「孝順」の優位性などによって摩擦が生じる可能性も高くなる．

一方，夫外国人ムスリム・妻日本人のカップルの場合は，妻の国（日本）に居住していても，夫が日本と経済格差の大きい国から経済的要因のために来日した場合には，夫方親族への送金の問題，すなわち，生活を切り詰めてでも自国の親きょうだいに仕送りを続ける夫とそれを期待する親族を妻が理解できずにいることによる問題も発生している．イスラームの相互扶助の精神によって社会保障の一部を代替している国から来日した夫と，社会保障制度が整備され，

親族間の相互扶助が希薄になりつつある現代の日本社会で生まれ育った妻との間に生じる摩擦も結婚満足度に影響を与えているのである．

以上のことから，夫台湾人・妻日本人のカップルにおいても，夫外国人ムスリム・妻日本人のカップルにおいても，それぞれの社会の家族規範やジェンダー規範が結婚満足度に影響していることがわかる．

本書における数量的分析で，台湾に居住する夫台湾人・妻日本人のカップル，および日本に居住する夫外国人ムスリム・妻日本人のカップルの結婚満足度を検証し，その付帯状況を知り，結婚満足度を規定する要因についての理解を深めるためにインタビュー調査を行った．ただし，結婚満足度を規定する要因や，結婚満足度と異文化適応の間に介在する要因は，居住国によって，また夫婦の組み合わせが逆になることによって異なることもあると推測される．つまり，同じ組み合わせの国際結婚を居住国別に比較したり，夫と妻の組み合わせ別に比較することで，それぞれの国際結婚の特徴や共通性，問題点を浮き彫りにし，さらに掘り下げた国際結婚の研究が可能になると考えられ，それが著者の今後の研究課題である．

注
（1） しかし，摘発を逃れて台湾に潜り込んだ密航者はその5～6倍いるとみられている．2003年9月18日付朝日新聞朝刊
（2） 2003年9月1日付朝日新聞朝刊，2003年9月18日付朝日新聞朝刊

初 出 一 覧

I　台湾における国際結婚

第1章　日台関係の変遷と日台結婚の変容
　　　　書き下ろし

第2章　世代別にみる日台結婚の実態
　　　　「世代別にみる日台結婚の実態――台湾に居住する夫台湾人・妻日本人の場合――」(『愛知学院大学教養部紀要』第51巻1号，2003年) に加筆・修正

第3章　異文化適応と結婚満足度
　　　　「国際結婚カップルの異文化適応と結婚満足度――台湾に居住する夫台湾人・妻日本人の場合――」(『金城学院大学論集社会科学編』第44号，2002年) に加筆・修正

第4章　日本人妻の社会的ネットワークと結婚満足度
　　　　「日本人妻の社会的ネットワークと結婚満足度との関連――台湾の国際結婚カップルの調査から――」(家族問題研究会編『家族研究年報』第27号，2002年) に加筆・修正

第5章　台湾のテレビドラマ「家有日本妻」にみる日台結婚
　　　　書き下ろし

II　日本における国際結婚

第6章　外国人ムスリムと日本人女性の結婚――結婚満足度の規定要因――
　　　　「外国人ムスリムと日本人女性の結婚――結婚満足度の規定要因の分析から――」(ソシオロジ編集委員会編『ソシオロジ』第45巻2号，社会学研究会，2000年) に加筆・修正

第7章　日本人妻のイスラームへの適応
　　　　「日本人妻のイスラームへの適応――外国人ムスリムを夫にもつ妻の事例分析から――」(『愛知学院大学教養部紀要』第48巻3号，2001年) に加筆・修正

第8章　国際結婚とエスニックレストランの展開
　　　　「国際結婚とエスニックビジネスの展開――エスニックレストランの事例分析から――」(『金城学院大学論集社会科学編』第45号，2003年) に加筆・修正

索　引

ア　行

アッラー　　127, 130, 140, 152, 153, 155, 156, 158
イスラーム（イスラーム教）　　4, 5, 7, 124, 126 〜 128, 130, 132 〜 140, 144 〜 164, 172, 177, 178, 191 〜 193
　　――教徒　　126, 127, 129, 145, 147, 149, 151, 156, 158, 178
　　――暦　　127
　　――社会　　5, 164, 193
　　――諸国　　4, 124, 135, 136, 138
　　――諸国会議機構　　138
　　――法　　7, 124, 138, 159, 161
　　――名　　156, 178
異文化適応　　3, 86, 144, 160, 189, 194
永久居留権　　31 〜 33, 39, 56, 59
エスニック
　　――集団　　182
　　――特性　　5, 166, 173, 180 〜 182, 192
　　――ビジネス　　5, 180, 183, 185
　　――ブーム　　180
　　――料理　　180, 181
　　――レストラン　　4 〜 6, 166, 180 〜 183, 188, 190, 192

カ　行

戒厳令　　18, 19, 21, 33, 42
介護
　　家庭――　　115
　　高齢者――　　115
　　身辺――　　63
外省人　　14 〜 17, 20, 26, 27, 35, 69, 72, 87
核家族　　87, 193
　　――化　　60, 62, 64, 66, 87, 106, 189, 193
　　――世帯　　94, 108
家族
　　定位――　　145
　　――機能　　63, 115
　　――規範　　5, 6, 194
　　――従業者　　102, 103, 107, 109
漢民族　　26
居留問題を考える会　　12, 33, 42, 53, 58, 59, 78, 188
啓典　　140
　　――の民　　124
工作許可証　　31, 32, 56, 57
孝順　　60, 63, 65, 87, 116, 190, 193
光復　　14
皇民化政策　　13
交流協会　　36, 79
国際結婚斡旋業者　　115, 119, 190
国民政府　　18, 19, 21, 30
国民党　　14 〜 18, 20, 24, 47, 72, 74
　　――政権　　15, 18
コーラン（クルアーン）　　127, 152, 153, 159, 164

サ　行

桜会　　42, 78

査証免除協定　138
サポート
　　実用的――　102, 104, 106, 108, 189
　　情緒的――　102, 104, 106, 108, 189
　　ネガティブな――　97, 102, 103, 107, 189
サンフランシスコ平和条約　29, 30, 38
シーア派　138, 139
下関条約　12, 28
社会保障制度　63, 76, 136, 193
就業服務法　31, 32, 56, 57, 59, 91
受降典礼　15, 30
蒋介石　16, 18, 21, 39, 75
蒋経国　21, 23
省籍　26, 27
　　――矛盾　27
女性隔離　138, 164
親族
　　夫方――　60, 66, 85, 87, 88, 92, 95〜97, 99〜108, 124, 126, 130〜134, 136, 139, 145, 156, 189, 191, 193
　　妻方――　66, 95〜97, 99, 104, 105, 124, 126, 132〜134, 139, 145
　　――集団　66, 87, 106, 193
審判の日　130, 140
スンニー派　138, 139
創設的届出　6
族群　26, 27

タ　行

大家族規範　60, 62, 106, 108, 189, 193
台中日本語補習クラス　52〜54
台南日本語教室　51〜54
台北日本語補習班　50〜54
地縁集団　106

陳水扁　24
纏足　14, 37
伝統的大家族　2, 62〜64
特務機構　18, 36
童養媳　14, 35

ナ　行

なでしこ会　2, 42, 51, 78
難民認定　168
日華平和条約　29, 30
日清戦争　12
日台国交断絶（断交）　20, 31, 32, 36, 42
日中国交正常化　20, 31
2・28事件　15, 16, 74
日本語世代　17, 18, 22, 24, 47, 77
日本ブーム　3, 24, 43, 119
入出境証明　19〜21, 39
入出国及移民法　31, 59
ニューカマー外国人　4〜6, 166, 180, 188, 190
ネットワーク
　　社会的――　4, 94〜96, 98, 103, 185, 189
　　親族――　87, 189, 193
　　台湾人――　98
　　――共有度　103
　　――分析　4, 94, 189
　　――メンバー　98

ハ　行

白色テロ　16, 74
客家人　26〜28
ハディース　153

ハラーム　149
ハラール　177
　——食品店　128, 170, 185
　——フード　128, 140, 150
反日感情　69, 72, 85, 87, 88, 90
ヒジャーブ　126, 128, 129, 131, 132, 134〜136, 139, 149, 158, 159, 164, 178
ひまわり会　42, 78
ヒンズー教　177, 179
　——徒　179
閩南人（福佬人）　26〜28
檳榔　14, 35
夫婦国籍同一主義　30
夫婦国籍独立主義　30
父系血統主義　59
父母両系血統主義　59, 79
平埔族　26
報告的届出　6, 163
ポツダム宣言　14
本省人　15, 16, 20, 23, 26, 27

マ　行

南風　42, 78
民進党（民主進歩党）　16, 21, 24, 119

ムスリマ　126, 128, 135, 136, 145, 155〜157, 159, 160, 191, 192
ムスリム　5, 7, 124, 128, 130, 139, 147, 149, 150, 151, 156, 158〜160, 164, 166, 177, 178, 191
外国人——　4〜6, 124, 125, 138, 146, 188, 190, 192〜194
ボーン——　155
　——ネットワーク　159, 160
モスク　124, 125, 146, 159, 164, 190, 191

ヤ　行

役割
　嫁——　87, 92, 114, 115, 190
　——期待　115

ラ　行

ラマダーン　126, 127, 131, 132, 139, 140, 149, 151, 158
　——月　127, 132
李登輝　23, 24
老親扶養　63
六信五行　127

著者紹介

竹下修子　（たけした・しゅうこ）

略　歴　三重県生まれ
　　　　京都女子大学卒業。アグネス・スコット大学に留学。金城学院大学大学院文学研究科社会学専攻博士課程修了。博士（社会学）

現　在　愛知学院大学・金城学院大学非常勤講師

著　書　『国際結婚の社会学』（学文社，2000年，単著）
　　　　『文化人類学への誘い』（みらい，2000年，共著）

訳　書　『シンガポールの高齢化と社会福祉政策』（川島書店，1997年，共訳）

国際結婚の諸相

2004年3月10日　第一版第一刷発行

著　者　竹　下　修　子
発行所　㈱　学　文　社
発行者　田　中　千津子

東京都目黒区下目黒3-6-1
〒153-0064　電話（03）3715-1501（代表）　振替　00130-9-98842
http://www.gakubunsha.com

乱丁・落丁は，本社にてお取替え致します。　　印刷所　新灯印刷
定価は，カバー，売上カードに表示してあります。　　〈検印省略〉

ISBN4-7620-1284-X